Werner Lampert

100 LEBENSMITTEL, DIE SIE GLÜCKLICH MACHEN

Werner Lampert

100 LEBENSMITTEL, DIE SIE GLÜCKLICH MACHEN

ecowin

Werner Lampert
100 Lebensmittel, die Sie glücklich machen
Salzburg: Ecowin Verlag GmbH, 2008
ISBN: 978-3-902404-60-2

Unsere Web-Adresse:
www.ecowin.at

1 2 3 4 5 6 7 8 / 10 09 08

Lektorat: Arnold Klaffenböck
Cover: www.kratkys.net
Coverfoto: Martin Vukovits (Werner Lampert auf dem Wiener Naschmarkt)

Gesamtherstellung: Druckerei Theiss GmbH, A-9431 St. Stefan, www.theiss.at
Gesetzt in der Schrift „Sabon“
In Österreich gedruckt

Meiner Lebensliebe
und all den Bäuerinnen,
die meine Vision von Gabe tagtäglich leben.

Inhaltsverzeichnis

Vorwort

Ein Lebensmittel, das einen glücklich machen kann – was bedeutet das? Ganz einfach, dass seine Erzeugung keine devastierte Umwelt hinterlässt, keine ausgebeuteten Tiere und keine CO_2-Bilanz, die unsere Lebensqualität beeinträchtigt und die Zukunft unserer Kinder bedroht. Die Menschen, die an der Produktion dieses Lebensmittels mitgewirkt haben, müssen anständig bezahlt werden und das soziale Arbeitsumfeld darf kein destruktives sein. Das sind meiner festen Überzeugung nach die Ursubstanzen, aus denen heraus ein ordentliches Lebensmittel erzeugt werden kann.

Dazu benötigt es Menschen, die bereit sind, mehr zu geben, als allgemein vonnöten ist. Menschen, die ihre Arbeit aus einer Tradition heraus gestalten und mit ihrem Tun in die Zukunft weisen. Die also die Fähigkeiten, die sie aus ihrer Tradition gelernt und sich angeeignet haben, weiterentwickeln und verbessern, um etwas Außerordentliches, Unerwartetes zu schaffen. So etwas können nur Menschen, die bereit sind, sich selbst, ihr Können, ihr Wissen und ihr handwerkliches Geschick zu verausgaben, zu verschenken. Lebensmittel, die uns glücklich machen, sind immer Geschenke an uns, sind immer eine Gabe. Sie sind mehr, als es auf den ersten Blick erscheinen mag. Beim Vereinnahmen, Essen, Genießen eröffnen sie sich auf dem Gaumen, in all unseren Sinnen. Es sind Lebensmittel, die nicht nur unseren Hunger stillen, sondern auch unseren Geist, unsere Seele und unseren Körper nähren und beflügeln. Was uns als derart lebensbereichernd und inspirierend zukommt, geschieht immer durch andere. Ein anderer beschenkt uns.

In unserer Hand liegt es, solcherart gefertigte Lebensmittel zu fördern. Wir Konsumentinnen und Konsumenten haben die Macht, indem wir vermehrt danach fragen und sie gezielt kaufen.

Wir stimmen tagtäglich durch unsere Kaufentscheidungen darüber ab, wie die Qualität unserer Lebensmittel in der Zukunft sein wird. Das ist das Tröstliche und das Schöne. Es sind keine anonymen Machenschaften, die uns manipulieren, es ist unser bewusster Kaufakt, der darüber bestimmt, wie unsere Ernährungszukunft aussieht.

Die Lebensmittelpreise sind unversehens in den Fokus geraten. Die Zeiten, in denen Nahrungsmittel fast nichts mehr kosteten, sind unwiederbringlich vorbei. Gott sei Dank! Denn zum Teil haben die Bevölkerung der Dritten Welt und unsere Bäuerinnen und Bauern den Preis für die niedrigen Lebensmittelpreise begleichen müssen. Das, was uns nährt, muss von einer Wertigkeit sein, denn es geht um uns, unsere Familie und um unsere Zukunft. In Österreich gaben wir bisher so zwischen 12 und 15 Prozent unseres Einkommens für Lebensmittel aus, in Frankreich sind es um die 25 Prozent. Das nicht nur, weil in Frankreich seit eh und je alles teurer ist. Ich denke, ganz im Gegenteil, dass Menschen, die sich von Lebensmittelqualitäten, vom Essen begeistern lassen, ganz klare Vorstellungen darüber haben, was qualitätsvolle Lebensmittel sind. Und die hatten und werden immer einen Preis haben, der sich von der Massenware unterscheidet – einen gerechten Preis. Ich bin zutiefst überzeugt, dass Produkte von minderer Qualität viel, viel zu teuer sind. Denn letztendlich werden wir alle, jeder einzelne Steuerzahler, den Preis für billige Lebensmittel entrichten müssen. Denken Sie nur an den BSE-Skandal, der uns 92 Milliarden Euro Steuergeld gekostet hat. Ihren Preis wert sind nur Qualitätslebensmittel. Nur bei diesen bekommen Sie für das von Ihnen eingesetzte Geld eine entsprechende Qualität.

Selbstverständlich ist die Auswahl der Lebensmittel in diesem Buch ganz und gar subjektiv. Meine persönlichen Vorlieben waren das Maß. Und ich möchte nicht leugnen, dass es noch viele Produkte gibt, über die es sich lohnen würde, zu schreiben, sie zu besingen. Lassen Sie es mich bitte wissen, wenn Sie solche kennen, schätzen, verwenden oder herstellen. Es wäre schön, darüber eine Diskussion in Gang zu bringen.

Wenn ein Lebensmittelproduzent sich anstrengt, um etwas ganz Besonderes zu schaffen, das in sich stimmig ist, ein Lebensmittel, in dem die Qualität des Rohstoffs besonders zur Geltung gebracht wird, entstehen Produkte, die mich glücklich machen, mich erfreuen können und die mich Anteil nehmen lassen an der unerschöpflichen Fülle des Lebens. Das sind Lebensmittel, die mich als Mensch respektieren, die meine sinnlichen Fähigkeiten des Riechens, Fühlens und Schmeckens ernst nehmen und meine Nase, meinen Gaumen verzaubern. Lebensmittel, die mich in allen meinen Möglichkeiten ansprechen und die mich auch nach dem Verzehr in einen zufriedenen, glücklichen Zustand entlassen. Mit einem Wort Lebensmittel, die uns glücklich machen.

Was mich bewegt

In der zweiten Hälfte der 1960er-Jahre brannte die Welt, soziale Unrast und Aufruhr waren das Prägende dieser Jahre. Der Schrei nach Veränderung hallte durch die industrialisierte Welt. Ich begegnete in dieser aufgeregten Zeit den Schriften Rudolf Steiners, auch er sprach von Veränderung. Doch bei ihm konnte eine soziale Umgestaltung nur gelingen, wenn zugleich das Geistige und das Spirituelle mit der sozialen Bemühung im Einklang waren. Rudolf Steiner gab Impulse für eine andere Art der Pädagogik, der Medizin und unter anderem eröffnete er einen ganz neuen Zugang zur Landwirtschaft: die biologisch-dynamische Methode. Es war ein Weg, Landwirtschaft im Einklang mit der Natur, den Erdenkräften und dem Kosmos zu betreiben. Eine Landwirtschaft, in der der Bauer sowohl der Erde gegenüber verantwortlich ist als auch den Menschen, die er mit den Früchten seiner Arbeit ernährt. So etwas funktioniert nur, wenn der Bauer eine geistige Haltung hat und spirituell verankert ist. In diesem Umfeld werden Nahrungsmittel zu Lebensmitteln. Das war der Impuls, den ich in den 1960er-Jahren empfing und der mich befeuerte. Seit diesen Jahren bin ich der biologischen Landwirtschaft verbunden, ernähre mich seit über 40 Jahren fast ausschließlich mit biologischen Lebensmitteln und habe alle Stufen der biologischen Lebensmittelherstellung durchlebt.

Um 1992 gab es hierzulande, bedingt durch ein günstiges Förderklima der öffentlichen Hand, einen großen Schub in der Umstellung: konventionelle Landwirte wurden Biobauern. Plötzlich gab es ein reichliches Angebot und keinen Absatz. Aus dieser Situation heraus entwickelte ich ein Vermarktungskonzept für biologische Lebensmittel und es gelang mir, den damaligen Unternehmer Karl Wlaschek davon zu überzeugen. Das war die Geburtsstunde von „Ja! Natürlich", für das ich fast zehn Jahre lang verantwortlich war. Anfänglich war das Projekt aufreibend und mühsam, viele Bauern hatten wenig Ahnung von Qualitäten, die Verarbeiter meist noch viel weniger und innerhalb des Konzerns konnten nur wenige mit biologischen Lebensmitteln etwas anfangen. Dessen ungeachtet stellte sich der Erfolg überraschend schnell ein und das Projekt wurde die Erfolgsgeschichte im Lebensmittelhandel schlechthin.

Mit der gestiegenen Nachfrage nach biologischen Lebensmitteln und der europaweiten Gleichschaltung der Vorschriften für den biologischen Landbau wurde „Bio" nach und nach zum Feigenblatt für eine global agierende Lebensmittelindustrie. Die höheren Preise, die die Biobauern bekommen hatten, wurden meistens nicht eingesetzt, um die Qualitätsarbeit auf dem Feld und im Stall zu verbessern, sondern um den Wunsch nach höheren Erträgen zu befriedigen. Doch das Streben nach Ertragssteigerung geht meist zu Lasten der Qualität.

Heute wird auf dem Acker und im Gemüsebau von vielen schnell löslicher organischer Stickstoff eingesetzt. Die Pioniere des biologischen Landbaus würden ob dieses Umstands vor Scham erstarren. Verwendet werden oft Federmehl aus China, Haarmehl aus Indien, Knochenmehl aus Südamerika, Pilzmasse vermengt mit Sojamehl und Baumwolle aus der Penizillinerzeugung sowie Biomasse aus der Zuckerherstellung. Selbstverständlich alles aus konventioneller Landwirtschaft. Futtermittel werden durch halb Europa gekarrt. Und immer wieder Soja. Die Urwälder Südamerikas werden für die Leistungssteigerung unserer Tiere geopfert, dabei sind Rinder mit diesem Proteinfutter völlig überfordert. Leistungssteigerung bei Rindern mittels Soja geht immer auf Kosten der Viehgesundheit. Genauso wie die Leistungssteigerung auf dem Feld und den Äckern, bewerkstelligt durch diese Stickstoffgaben, immer auf Kosten der Qualität des Gemüses geht.

Biologische Landwirtschaft, wie ich sie begreife, heißt, das Bodenleben zu fördern, die Humusqualität zu steigern und nie die Pflanzen zu düngen. Die Biodiversität zu erhalten und zu mehren. Die regionalen Qualitätsmerkmale zu stärken und nicht durch einen europaweit geltenden Standard zu vereinheitlichen. Es ist eine Landwirtschaft, die ihren spezifischen regionalen Charakter hat, ein regionales Gesicht, eine regionale Identität. Bei Gott, wir brauchen keine Allerweltslandwirtschaft. Eine Allerweltslandwirtschaft erbringt nur Allerweltsprodukte. Es geht mir immer um die besten Lebensmittel, und die kommen aus einer konsequent gelebten regionalen Landwirtschaft, in der die Qualitätsstärken der Region gefördert und weiterentwickelt werden. Das ist das Movens meines Tuns und der Kern meines neuen Projekts „Zurück zum Ursprung“.

Ich bin überzeugt, wir haben überhaupt keine Alternative zu einer authentisch betriebenen regionalen Landwirtschaft. Dabei denke ich nicht nur an Lebensmittel von herausragenden Qualitäten, sondern es geht mir hierbei vor allem um die Souveränität über unsere Lebensmittel. Wenn wir zulassen, dass das Einzigartige der jeweiligen Region verloren geht, wenn wir es wegnivellieren und wegrationalisieren lassen, werden wir in naher Zukunft nicht mehr bestimmen können, wie und mit welchen Qualitäten von Lebensmitteln wir uns künftig ernähren werden. Es geht um unser Erbe und einen nicht unbeträchtlichen Teil unserer Identität. Noch gibt es bei uns Regionen, aus denen Lebensmittelqualitäten kommen, die in ganz Europa kaum noch zu finden sind. Diese regionalen Besonderheiten möchte ich unterstützen und in ihren Qualitäten weiterentwickeln.

Bei der Trinkmilch meines neuen Projekts, beispielsweise, stammt das Futter für die Kühe selbstverständlich aus der heimischen Landwirtschaft. Denn was ist das für eine regionale Milch, bei der etwa die Gerste aus der Ukraine, der Mais aus Argentinien oder das Soja aus Brasilien verwendet wird? In meinem Projekt muss kein Regenwald geopfert werden, denn es wird ganz einfach auf Soja verzichtet.

Ich möchte auch neue Wege in Hinblick auf Transparenz in der Herstellung gehen. Ich bin nämlich überzeugt, dass wir als Konsumentinnen und Konsumenten ein unabdingbares Recht darauf haben, zu wissen, wie und mit welchen Hilfsmitteln unsere Lebensmittel hergestellt werden – angefangen von der Urproduktion über die Verarbeitungsbetriebe bis hin zum Endprodukt. Transparenz und Ehrlichkeit bei der Erzeugung von Lebensmitteln werden die wichtigsten Kriterien der Zukunft sein, wenn es gilt, das Vertrauen der Konsumentinnen und Konsumenten nachhaltig zu gewinnen. Nur wer weiß, von wem und auf welche Weise seine Lebensmittel erzeugt werden, wird sich mit der Arbeit der Urproduzenten verbinden und an ihr Anteil nehmen können.

Meine jahrzehntelange Erfahrung, meine unstillbare Lust, einzigartige Lebensmittel zu schaffen, sowie der richtige Partner im Handel helfen mir, ein derartiges Projekt umzusetzen.

Brot

Der Ursprung des Brots

Wahrscheinlich ist Brot eines der ältesten Lebensmittel der Menschheit. Lange Zeit meinte man, von einem dunklen Brot kann man leben, es enthält alle Nährstoffe, die wir brauchen. Vielleicht waren damals die Böden noch nährstoffreicher.

In dunkler Vorzeit war es die Göttin Ceres, die als einzige unter den Göttern über den elenden, gewalttätigen Zustand, in dem die Menschen lebten, betrübt war. Sie trat unter die Wilden, nahm einem Jäger den Speer aus der Hand und zog damit eine Furche in die Erde, in die sie ein Korn aus ihrem Ährenkranz legte. Sogleich wuchs daraus ein unermessliches Kornfeld. Das Überleben unserer Altvordern hing von da an nicht mehr von ihrem blutigen Kampf ums tägliche Essen ab. Das Getreide sättigte ihren Hunger und schuf neue Lebensformen. Ceres, die Göttin des zivilisierten Lebens.

Mit dem Brechen des Brots lernten wir Menschen zu teilen und auf die Bedürfnisse unserer Brüder und Schwestern zu sehen. So gab Ceres den Menschen die Würde zurück, die sie als Ebenbild Gottes einst besessen hatten. Dem Brot haftet so gesehen nicht nur Archaisches, sondern auch Spirituelles an. Das Brot steht am Beginn des zivilisatorischen und des geistigen Prozesses der Menschen.

Unser heutiges Brot

Unseren gegenwärtigen zivilisatorischen Zustand können Sie an der heutigen Qualität des Brots ermessen. An die 2000 Fertigbrotmischungen gibt es für Bäcker. Fertigmischung heißt Mehl,

Backhilfsmittel – unter diesem Begriff subsumiert sich alles, was in einem Brot nichts zu suchen hat – und Hefe. Der Bäcker muss nur noch Wasser in die Mischung geben und der Teig ist fertig. Das Ergebnis dieses als Brot vertriebenen Imitats ist ein meistens aufgeblasenes, schwammiges Monstrum mit undefinierbarem Geschmack. „McDonaldisierung der Brote“ hat das ein Bäcker der alten Schule einmal genannt.

Warum ist es so weit gekommen? Einige Bäcker meinen, dass Brot unfassbar billig geworden ist. Um 1980 hat eine Straßenbahnkarte gleich viel gekostet wie eine Semmel beim Bäcker. Heute kostet eine Straßenbahnkarte in Wien 1,70 Euro, eine Semmel zirka 29 Cent. Sie sehen, Brot hat seinen Wert in der Gesellschaft verloren. Doch gutes Brot hat seinen Preis. Den Preis der Handarbeit, den Preis, dem Brotteig Zeit zu geben, den Preis, das Brot in einem Ofen zu backen, in dem es sich entwickeln, seine Qualität erst zur Vollendung bringen kann. Kaum etwas kann uns so glücklich machen wie ein gelungenes Brot.

Das Bäckerhandwerk

Das Bäckerhandwerk ist in atemberaubender Art und Weise an der industrialisierten Fertigung des Brots zugrunde gegangen. Frei nach dem Motto: „Es gibt kaum etwas auf dieser Welt, das nicht irgendjemand ein wenig schlechter machen und etwas billiger verkaufen könnte.“ So formulierte es der englische Sozialreformer John Ruskin mit visionärem Blick schon im 19. Jahrhundert. Jedes Mal, wenn ich ein so gefertigtes Brot in die Hand bekomme, denke ich mit einer Einschränkung an seine Worte: Das „ein wenig“ und „etwas“ ersetze ich durch „unfassbar viel“. Die industrielle Produktionsweise löscht das handwerkliche Vermögen und allen handwerklichen Ehrgeiz aus.

Handwerklich arbeiten heißt, sich im Fluss einer Tradition zu befinden, in der Wissen, Können und Erfahrung weitergegeben werden. Handwerk kann sich nur in einem intakten sozialen Erfahrungsnetz entwickeln, in dem Fähigkeiten vererbt und weiterentwickelt werden. Der Handwerker steht immer mit seiner Person für das von ihm Geschaffene ein. Er ist der natürliche Widerpart jeglicher anonymer Fertigungsform.

Der ehemals wertgeschätzte Handwerker ist in zu vielen Bäckereibetrieben zum Handlanger verkommen, zum Chemiehilfsarbeiter. Und so ist es auch um die Qualität der Brote bestellt. Mit der Lupe muss man unterwegs sein, um wirkliche Handwerker zu finden. Aber es gibt sie noch. Nicht mehr viele, aber in jedem Bundesland noch ein paar.

Der Untergang des Bäckerhandwerks

Also warum ist das Bäckerhandwerk so zugrunde gegangen? 1980 gab es in Wien noch 1000 Bäcker, heute nur noch um die 60. Offensichtlich hat ihnen das industriell gefertigte Brot die wirtschaftliche Grundlage entzogen. Wobei gesagt werden muss, dass diese Entwicklung die meisten Bäcker selbst zu verantworten haben. Indem sich die Bäcker von den vermeintlichen Vorteilen vorgefertigter Brotmischungen verführen ließen, haben sie das Sterben des Berufsstands eingeläutet.

Früher erzeugte jeder Bäcker sein eigenes, nur bei ihm erhältliches Brot mit einem unverwechselbaren Charakter. Mit der zunehmenden Verwendung von Fertigmischungen schmeckten die meisten Brote gleich. Für Konsumentinnen und Konsumenten lohnte es sich nicht mehr, zum Bäcker zu gehen. Für ein Allerweltsbrot musste man seinem Bäcker gegenüber die Treue nicht mehr aufrecht halten, denn der Bäcker hat seine Treuepflicht, ein Brot mit eigenem Charakter für seine Kunden zu backen, mit dem

Einsatz der Brotmischungen aufgegeben. Und sich damit folgerichtig brotlos gemacht.

Was macht die Qualität eines Brots aus?

Generell kann gesagt werden, dass Biobrote zu bevorzugen sind. Zum großen Teil waren es die Biobäcker, die das Bäckerhandwerk gerettet haben. Aber leider schmecken viele Biobrote sehr fad und langweilig. Weniger Moral, aber umso mehr Freude in der Backstube würde diesen Broten guttun. Was ist es nun, was uns am Brot erfreut?

1. Das handwerkliche Können

Die erste Voraussetzung für ein gutes Brot ist, dass es von Menschen, die das Bäckerhandwerk beherrschen, gefertigt worden sein muss. Es sind das menschliche Geschick und Tun, die dem Brot anhaften müssen, nicht Laborwissen und Maschinen. Das Wissen, wie ein Teig gemacht wird, wie mit ihm umgegangen werden muss, wie er gebacken wird, muss beim Bäcker sein und nicht im Chemielabor und auf dem Beipackzettel. Nur so können sich die handwerklichen Fertigkeiten weiterentwickeln.

2. Das richtige Mehl

Klingt selbstverständlich, aber hier liegt schon das Elend begraben. Statt dem Mehl nach dem Mahlen Ruhe und Zeit zu geben, damit sich die Proteinstruktur, die für das Brotbacken wichtig ist, nach dem Mahlen wieder vernetzen kann, wird das durch Beigabe synthetischer Ascorbinsäure bewerkstelligt. Das ist schon der erste Schritt zu diesen aufgeblasenen blähenden Broten.

3. Der Sauerteig – der einzig wahre Teig

Als ich 1994 mein erstes Brotprojekt startete und vom Sauerteig sprach, sahen mich die Bäcker wie eine Erscheinung aus untergegangenen Zeiten an. Sauerteig war zu dieser Zeit ein industriell hergestellter Trockensauer. Dass man Sauerteig in dreifacher Führung noch selber herstellen könnte, war für die meisten sogenannten Bäcker undenkbar. Und so schmeckt das Brot leider auch.

Ich bin überzeugt, dass Brot jeglicher Art, ob schwarz oder hell, ob Roggen-, Weizen- oder Dinkelbrot, nur mit Sauerteig hergestellt werden sollte. In den 1980er-Jahren besuchte ich einen Pizzabäcker in Napoli. Ich kam mit ihm ins Gespräch und fragte ihn, wie er den Pizzateig macht. Als ich davon ausging, dass er Hefe einsetzt, reagierte er empört: Ein richtiger Pizzateig wird nur mit Sauerteig hergestellt, stellte er klar.

Bei der Gärung des Sauerteigs passieren zwei Sachen. Erstens wird die schwere Teigmasse von Gärungskulturen durchzogen, sodass der Teig luftig und leicht wird. Zweitens wird der Teig durch den Gärungsvorgang aromatisiert. Die einst schwere Masse wird so zu einem luftigen, aromatischen Teig, zu einem lebendigen Organismus. Der Teig befindet sich durch die Gärung in einem Reifeprozess, der dann im richtigen Moment beim Backen beendet oder besser vollendet wird. Die Stoffe, die bei der Gärung frei werden, sind lebenswichtig und sorgen für die Kommunikation zwischen Körper und Geist: Lezithine, Enzyme, Spurenelemente, Vitamine, Eiweiß, natürliche Aminosäuren, Milchsäure, natürliche Hefen und vieles mehr.

Der Verwandlungsprozess des Teiges bei der Sauerteiggärung hat Menschen immer wieder inspiriert. Rudolf Steiner nannte es eine „Verzauberung", und in der Bibel heißt es: „Das Reich des Himmels gleicht dem Sauerteig, den eine Frau nahm und unter drei Maß Mehl vermengte, bis alles Mehl durchsäuert war."

Für die optimale Durchdringung der Mehlmasse mit den Sauerteig-Mikroorganismen wird der Teig in drei Stufen mit Mehl beziehungsweise Schrot und Wasser vermengt. Die erste Stufe ist der Anfrischsauer, die zweite Stufe der Grundsauer und die dritte Stufe der Vollsauer. In jeder Stufe bleibt der Teig dann in einer bestimmten Temperatur zirka acht Stunden lang stehen. In der dritten Stufe haben die Mikroorganismen den Teig dermaßen durchsetzt, dass er genug gelockert, luftig und aromatisch ist – mit einem Wort, er ist nun reif, um gebacken zu werden. Um eine Dreifach-Sauerteigführung zu beherrschen, braucht es viel Erfahrung, Zeit und Geduld.

Ein Sauerteigbrot hat eine harmonische, fein ausgeglichene Säurenote, die Säure ist niemals spitz. Manche Bäcker haben eine maschinelle Sauerteigführung, bei der, so behaupte ich, die empfindliche Proteinstruktur beeinträchtigt und weniger Milchsäure, dafür mehr Essigsäure produziert wird. Und das schmecken Sie dann im fertigen Brot. Weist das Brot eine unangenehme, penetrante Säure auf, so hat das nichts mit dem Sauerteig zu tun: Vielmehr wurden hier Säuerungsmittel mit einer essigsäurebetonten Note oder Propionsäure verwendet, um das Schimmeln des Brots zu verhindern.

Das Wissen um die richtige Sauerteigführung, wie die optimale Temperatur und die notwendige Zeitdauer der Führung, ist weitgehend verloren gegangen. Deshalb werden Trockensauer, Hefe, Säuerungsmittel, Backhilfsmittel, chemische Triebmittel, künstlich beigefügte Enzyme, Ascorbinsäure, Quellstoffe und so weiter verwendet. Sie binden Wasser und sollen Ihnen vortäuschen, dass das Brot frisch ist. All diese verachtenswerten Kunstmittel führen dann zu der Brotqualität, die Sie flächendeckend kaufen können und die man nur im ofenwarmen Zustand essen kann. Kaum abgekühlt, ist das mit Triebmitteln aufgeblähte Brot eine Zumutung. Es bläht den Bauch, das Gemüt und den Geist.

4. Der Brotteig

Der Sauerteig benötigt viel Zeit und Behutsamkeit. Ist ein Sauerteig einmal angesetzt, kann er über lange Zeit hinweg unter den richtigen Aufbewahrungsbedingungen für den Brotteig verwendet werden. Lange gepflegte Sauerteige werden mit der Zeit sogar immer besser und triebfreudiger.

Der Sauerteig wird in den Brotteig eingeknetet. Diesem so entstandenen Teig muss man, wenn keine chemischen Hilfsstoffe verwendet werden, wieder Zeit geben. Aber nicht nur Zeit, auch eine sanfte Behandlung, sonst wird er zäh. Das schlägt sich dann im gebackenen Brot nieder. Man muss ihn liegen und sich entwickeln lassen. Jetzt entstehen die unterschiedlichsten Aromen, das breite Tableau der Geschmacksstoffe. Der Teig lockert sich, bekommt Porungen, geht auf. Hat man ihm genügend Zeit und die richtige Temperatur gegeben, ist der Teig bereit für das Backen.

5. Der Ofen

Um diese aufgeblähten Blitzbrote produzieren zu können und ja keine Zeit zu verlieren, hat man direkt befeuerte Metallöfen entwickelt. Ruck, zuck werden die Brote abgefertigt. Alte Brotkultur verlangt nach einer Ofenkultur. Der Holzofen ist selbstverständlich der optimale Ofen. Er wird angeheizt, auf die richtige Temperatur gebracht, ausgeräumt, und erst dann wird der geformte Teig in den Ofen gegeben. Ein so gebackenes Brot ist das ultimative Broterlebnis. Es ist das Brot meiner Kindheit, dem ich nach wie vor voller Sehnsucht nachhänge. Ein Holzofenbrot mit Sauerteigführung ist 14 Tage später nach wie vor von vollendetem Genuss. Es ist eine Quelle täglichen Glücks.

Eine tolerable Alternative zu den Holzöfen ist der Steinofen – leichter zu handhaben, ökonomischer zu betreiben. Mit ihm erreicht man nicht die Holzofenqualität, aber eine durchaus hohe Brotqualität.

Bei einem sauerteiggeführten Brot aus dem Steinofen oder gar Holzofen ist die Krume immer dichter und die Kruste kompakter als bei industriell gefertigten Broten. Es schmeckt nach Tagen noch gut, ist bekömmlich, und das nährt den Körper, den Geist, die Seele. Um ein derartiges Brot zu schaffen, benötigt es ein großes Wissen, Erfahrung, handwerkliches Können und Zeit. Zeit und nochmals Zeit.

Brote, die uns glücklich machen

Bäckerei Kasses

In Thaya im Waldviertel lebt und arbeitet Herr Kasses, einer der besten Bäcker dieses Landes. Viele meinen, der beste überhaupt. Er ist ein Sauerteigspezialist. 30 verschiedene Sauerteige führt er in Holzbottichen, für jede Art Brot ein eigener Sauerteig. Für ihn gibt es nur die händische Sauerteigführung, er versagt sich die maschinellen, vollautomatischen Möglichkeiten. Um seine Sauerteige zu pflegen und richtig zu führen, hat er eine Sieben-Tage-Woche. Eine Stufe benötigt acht Stunden. Und die benötigt der Teig, damit er gut aufgeht und stabil ist. Nach jeder Stufenführung muss er eingreifen und die nächste einleiten. Für Herrn Kasses verleiht der Sauerteig dem Brot nicht nur den Geschmack und das besondere Aroma, der Sauerteig ist für ihn die Quelle des Lebens.

Bäcker Kasses stellt 135 verschiedene Brote her. Drei davon möchte ich hervorheben.

Produkte

- Das Holzofenbrot. Ein Roggenbrot mit Roggensauer, das uns auch nach einer Woche noch verwöhnt.

- Der Waldbauernfladen. Auch ein Roggenbrot mit unterschiedlichen Sauerteigen, einem hellen Sauer, einem Roggensauer und einem Schwarzroggensauer.
- Ciabatta Rotonda, ein helles Festtagsbrot mit Sauerteig, in Olivenöl eingelegt. Ein Brot, das Sie auf der Stelle mit Glück erfüllt.

Frau Stieger

Seit Jahrzehnten esse ich Woche für Woche ein Bauernbrot aus dem Waldviertel von Frau Stieger, das mich glücklich macht. Am Freitag gekauft, esse ich es Tag für Tag bis zum nächsten Freitag. Es ist kompakt mit einer festen Krume, saftig – niemals schwammig –, mit auf Granitböden gewachsenem Waldviertler Roggen und Sauerteig, im Holzofen gebacken. Ein Brot ohne Schnickschnack, einfach, wunderbar. Mit einem Wort: ein vollendetes Brot.

Produkte

- Bauernbrot

Bäckerei Kaschik

Die Bäckerei Kaschik im XVII. Bezirk in Wien produziert seit vielen Jahrzehnten ausschließlich Brot aus Demetergetreide, das heißt, Getreide aus biologisch-dynamischer Landwirtschaft. Zirka 80 Prozent ihrer Brote sind mit mehrfach geführtem Sauerteig hergestellt, das Mehl für ihre hellen und dunklen Brote mahlen sie selbst. Mit bewundernswerter Konsequenz geht die Familie Kaschik diesen Nischenweg und bietet Brot von beständiger Qualität an.

Produkte

- Mein Lieblingsbrot: der Tiroler Laib, ein harmonisches Brot. Immer gelungen, immer zu empfehlen.

Bäckerei Mauracher Hof

Am Mauracher Hof im oberösterreichischen Mühlviertel wird schon seit dem 17. Jahrhundert Brot gebacken. Eine lange Tradition, ein Ort wunderbarer Brotqualitäten.

Produkte

- Walnussbrot: Ich finde, das Walnussbrot ist geschmacklich ein wahrer Genuss.
- Roggenvollkornbrot: Am meisten liebe ich das Roggenvollkornbrot, es ist geschmacklich großartig gelungen. Die Krume ist kernig und doch auch elastisch. Manchmal löst sich die Krume von der Kruste, dann ist es lästig, zu schneiden, aber dem Geschmack des Brots tut das keinen Abbruch.

Bäckerei Gragger

Bio-Holzofenbäckerei Helmut Gragger aus Ansfelden in Oberösterreich, ein Nachhaltigkeitsexperte, der seine hohen Ansprüche nicht nur auf das Brot begrenzt. In allem, was er tut, müssen seine ehrgeizigen Anforderungen erfüllt werden. Seine Holzofenbrote sind ein großes Vergnügen und eine ebensolche Glücksquelle. Sein Essenerbrot und den Mühlviertler Vollkornlaib möchte ich aus seiner Palette von Broten besonders hervorheben.

Produkte

- Holzofenbrot
- Essenerbrot
- Mühlviertler Vollkornlaib

Bäckerei Itzlinger

Auch die Itzlinger-Brote sind ein großartiges Geschenk an alle, die noch einen Sinn für die Brotkultur haben. Der Bäcker Jakob Itzlinger aus Faistenau in Salzburg ist ein begeisterter, konsequenter Handwerker, immer auf der Suche nach dem Optimalen. 60 verschiedene Brote werden von ihm gebacken. Er ist halt ein Enthusiast der Vielfalt und somit ein Freund jedes Verfechters der Geschmacksvielfalt.

In seiner Backstube wird das Handwerk nicht nur hochgehalten, sondern täglich aufs Neue gelebt. Viele Fertigungen in der Bäckerei, die auch von Maschinen gemacht werden könnten, werden in Handarbeit ausgeführt. Denn ein vollendetes Brot verlangt nach sanfter Behandlung. Natürlich werden die Roggen- und Dinkelbrote mit Sauerteig hergestellt. Die Brote von Itzlinger sind Brote vom Backkünstler für Genusskünstlerinnen und -künstler.

Produkte

- Roggenvollkornbrot: Es hat eine feste, aber elastische Krume. Das feine Sauerteigaroma ist einfach perfekt und macht Freude beim Genießen. Einfach eine Schnitte Roggenvollkornbrot und Butter!
- Dinkelvollkornbrot: Der Dinkel ist immer ein wenig spröder, aber das gleicht die Bäckerei Itzlinger wunderbar aus. Ein Brot mit mildem Aroma und vollem Geschmack.
- Bauernkletzenbrot: Wahrscheinlich das beste Kletzenbrot, das Sie kaufen können. Kein Winter darf vorbeigehen, ohne sich Tag für Tag vom Itzlinger-Kletzenbrot verwöhnen zu lassen.

„Zurück zum Ursprung“-Weizenlandler und Steinofenbaguette

Als die Qualität des französischen Nationalheiligtums, des Baguettes, daniederlag, kam ein Historiker namens Steven Laurence

Kaplan aus den Vereinigten Staaten von Amerika und brachte den Franzosen mit seinem Buch „Good Bread Is Back“ wieder die alte Methode, Baguette herzustellen, in Erinnerung. Ein Baguette ist kein aufgeblähtes Trumm, kein Styroporersatz; ein Baguette ist ein Weizenbrot von vollendetem Geschmack, mit weicher, luftiger Krume und rustikaler Kruste.

Die Baguettequalität ist eine Genussqualität für den ganzen Tag. Nicht nur für eine Stunde, nachdem es im Ofen des Supermarkts aus einem tiefgefrorenen Teigling aufgebacken wurde, um zwei Stunden später wieder in die Ungenießbarkeit zu verfallen. Was uns als Weißbrot angeboten wird, ist zum Weinen und Zähneknirschen. „Zurück zum Ursprung“ ist mit dem Weizenlandler und dem Steinofenbaguette ein Weißbrot gelungen, das den ganzen Tag genießbar ist und das von einer Geschmacksqualität ist, die mich erfreut und unendlich stolz macht.

Und wiederum sind keine Zauberkünste vonnöten, um so eine Brotqualität zu fertigen. Was es braucht, sind ein dreifach geführter Sauerteig, eine lange, lange Teigführung, die behutsame Bearbeitung des Teigs und ein Steinofen. Was nicht darin vorkommt, sind Hefe, Sauerteigsurrogate, die Sie an der spitzen Essigsäure-Note erkennen können, Backtriebmittel, Teiglockerungsmittel, Feuchtigkeitshaltemittel und Frischevortäuschmittel.

Mehl, Wasser, Salz, Sauerteig und Bäcker, die ihr Handwerk noch verstehen – mehr braucht es nicht.

Initiative „Bio vom Berg“

Saatgut ist inzwischen zu einer globalen Handelsware geworden. Es gibt ernsthafte Bedrohungen, das Saatgut zu monopolisieren und dadurch die Bauern zu enteignen und abhängig zu machen. Daher begrüße ich alle Initiativen, die das Wissen über das standortbezogene Saatgut und das Vermehren dieses Saatguts fördern, um es wieder in bäuerliche Hand zu bekommen. Eine davon ist in Tirol aktiv.

Die Tiroler Initiative „Bio vom Berg“ versucht, alte Tiroler Landsorten wieder zu aktivieren. Sie werden zwischen 700 bis 1200 Meter Seehöhe angebaut. Sie haben zwar einen geringen Ertrag, sind aber widerstandsfähiger gegen Kälte und Feuchtigkeit, dem Tiroler Berggebiet angepasst und besitzen ein eigenständiges Geschmackstableau. Zwei seltene Sorten werden in diesem Projekt gepflegt, der „Crysanth Hanser Roggen“ und der „St. Johanner Weizen“.

Aus beiden Getreidesorten bäckt die Bäckerei Ruetz ihr sauerteiggeführtes Brot – ein Mischbrot und ein Roggenbrot. Das Charakteristische dieser Brote kann nur beim Selbstversuch erspürt werden. Die Bäckerei Ruetz verfügt über ein großes handwerkliches Können, über die Leidenschaft, außerordentliches Brot herzustellen und über den nötigen Ehrgeiz, immer wieder dazuzulernen.

Solch ein Projekt ist nicht nur für die Region wichtig, es ist für uns alle von Bedeutung. Denn überall dort, wo die Vielfalt gepflegt und die Autonomie der Bauern gestärkt wird, wird auch unsere Genussfähigkeit bedient oder besser gesagt genährt. Und wir erhalten die Gewissheit, dass in naher Zukunft nicht alles zur eindimensionalen Öde verkommen sein wird.

Produkte

- Roggenbrot
- Mischbrot

Das Brot ist erhältlich, so lange der Getreidevorrat reicht, in der Regel von Mitte September bis Anfang Februar.

Wissenswertes: Gutes Brot erkennen

Wissen Sie eigentlich, wie gutes Brot aussehen und schmecken soll? Um ein Brot beurteilen zu können, müssen Sie Folgendes beachten:

1. ***Volumen:*** *Betrachten Sie, ob das Brot aufgegangen oder sitzen geblieben ist. Ist das Volumen harmonisch oder aufgebläht? Ist es aufgewölbt oder eingefallen?*
2. ***Farbe der Kruste:*** *Ist sie verbrannt, grau und fahl oder honigfarben, wie sie sein sollte?*
3. ***Kruste:*** *Ist sie spröde, zäh und schwammig oder knusprig fest und angenehm?*
4. ***Risse:*** *Schneiden Sie das Brot auf – hat es Risse? Ist die Kruste mit der Krume verbunden?*
5. ***Geruch:*** *Nein, Sie sollten immer noch nicht hineinbeißen, so schwer es Ihnen auch fällt. Wie ist der Geruch? Leicht fruchtig, mild säuerlich-frisch, oder gar fad, herb, muffig, dumpf?*
6. ***Krume:*** *Sehen Sie sich dann die Farbe der Krume an. Gibt es Teigeinschlüsse in der Krume? Ist die Krume elastisch, trocken und weich beim Zusammendrücken oder bröckelnd und schmierend?*
7. ***Geschmack und Aroma:*** *Sind Geschmack und Aroma so, wie es Sie glücklich macht, oder gar bitter? Hat das Brot einen unangenehmen Nebengeschmack?*

Macht Ihr Brot Sie glücklich?

Im Grunde genommen geht es mir um eines: Macht das Brot Ihnen Freude? Bereitet es Ihnen Lust? Breiten sich die Aromen auf Ihrem Gaumen aus? Können Sie der Geschmacksvielfalt nachspüren oder ist es schal und langweilig, spröde und nichtssagend? Das Brot muss Lust auf mehr machen. Ich freue mich jeden Tag auf mein unvergleichliches, sauerteiggeführtes Frühstücksbrot.

Milch

Vom vollendeten Glück

Gibt es etwas Schöneres, als einen Sommertag in den Bergen zu verbringen, von Alm zu Alm wandernd in den beeindruckendsten Kulturlandschaften? Bauer, Vieh, Natur und wir Erholungssuchende mit unserem Hunger nach intakter Umwelt, intakter Natur. Wenn wir uns dann niederlassen im blühenden Almgras, in den duftenden Bergkräutern – um uns herum das Geläute der Kuhschellen, das Muhen, die wiederkäuenden Kühe –, dann ergreift uns eine große Ruhe und Gelassenheit.

Beim Bauern erstehen wir eine in der Früh gemolkene Milch, unhomogenisiert, unpasteurisiert, vollmundig, schon ein bisschen aufgerahmt. Eine Milch mit dem Aroma der vielfältigen Kräuter der Alm- und Bergwiesen. Das sind Momente des Glücks und wir werden getragen von der uns umgebenden Harmonie und Stimmigkeit. Berge, Almmatten, Kühe, Jungvieh, der von den Bäuerinnen und Bauern geschaffene Kulturraum und eine Milch von vollendetem Geschmack – unbehandelt und frei von technischen Eingriffen. Es ist in der Tat eine andere Art von Milch, eine andere Qualität. Es ist eine Milch, wie sie sein soll, ein vollendeter Milchgenuss.

Almen – unser aller Lebensraum

Die Alpen sind ein wichtiger Raum, der uns mit lebenswichtigen Grundlagen versorgt. Vom gesamten Alpenbogen, der sich über Frankreich, die Schweiz, Liechtenstein, Italien, Österreich,

Deutschland und Slowenien erstreckt, werden allein in Österreich über 35 Prozent der Grünflächen bewirtschaftet. Österreich verfügt in der Milchwirtschaft über das größte Differenzierungs- und Alleinstellungspotenzial in Europa. Daher ist die Almwirtschaft vorwiegend ein österreichisches Spezifikum. Und damit kann die besondere Qualität der Milch bei uns noch zum Thema gemacht werden.

Es gibt nicht mehr viele Almen in Europa, auf die die Bäuerinnen und Bauern ihre Milchkühe auftreiben, wo sie von Juni bis September auf 800 bis 1800 Meter Seehöhe weiden. Das Reizklima in den Bergen hat besondere Heilwirkung. Das Grünland und der Wald im Alpenraum sind unsere „Grüne Lunge", Biotope mit intakten Lebenskreisläufen. Die Bergluft ist mit 20.000 Ionen pro Kubikzentimeter hoch ionisiert – in Ihrem Büro sind es höchstwahrscheinlich nur 20 Ionen pro Kubikzentimeter. Die Alpen sind auch unser Wasserreservoir, von den Bergen kommt das beste Trinkwasser. Der Alpenraum ist unser Pool für eine hohe Biodiversität in Flora und Fauna. Die Gräser und Kräuter haben einen hohen Nährstoffgehalt, die Vielfalt der Pflanzen wird durch die Alpung der Kühe genährt und gemehrt. Die Alpung ist die optimale landwirtschaftliche Bewirtschaftung der Berghänge und zugleich der beste Erosionsschutz. Aus einer devastierten Landschaft kann kein Lebensmittel kommen, das unserer Genussfähigkeit Genüge tut. Erst ein Lebensmittel, das alle Aspekte des Wirtschaftens mit einbezieht, kann uns Genuss bereiten.

Der Geschmack der Almen

Seit Jahrzehnten versuche ich unter Bäuerinnen und Bauern sowie Konsumentinnen und Konsumenten das Bewusstsein zu schaffen, dass die Qualität der Milch von dem, was eine Kuh frisst und wie sie gehalten wird, unmittelbar abhängt. Bauern erzählten mir von ihren Kühen, die Jahr für Jahr auf die Alm gehen: Ab Mai werden die Kühe im Stall unruhig. Sie wissen, jetzt geht's bald wieder in die Berge. Wie für uns die Sommerfrische eine sehnsüchtig erwartete Zeit im Jahr ist, ist sie es auch für die Kühe und das Jungvieh. Auch sie sind offensichtlich schon Wochen vorher in freudiger Erwartung.

Milch von Kühen, die monatelang auf Bergwiesen weiden, ist von unverwechselbarem Geschmack. Sie ist gehaltvoller, das Aroma der Bergkräuter und Berggräser ist in der Milch eindrucksvoll nachspürbar. Der Kräuterpfarrer Künzle sagte von den Bergkräutern, dass sie zumindest denselben ätherischen Gehalt haben wie die Kräuter am Mittelmeer. Und diese Qualität finden wir in der Milch wieder. Die Bergkräuter machen die Milch zu einem besonderen, allumfassenden Genuss.

Die Gabe der Bergbäuerinnen und -bauern

Immer, wenn ich mich mit den Bergbäuerinnen und -bauern und ihrer Arbeit auseinandersetze, wird mir bewusst: Mitten in der Wirtschaft von Angebot und Nachfrage gibt es Nischen der Gabe. So, wie wir um kein Geld der Welt Liebe, Freundschaft oder Loyalität kaufen können, ist es auch mit den Lebensmitteln von den Bergbäuerinnen und -bauern. Weder als Steuerzahlende noch als Konsumierende können wir abgelten, dass Bäuerinnen und Bauern auf 1200 Meter Seehöhe, umgeben von steilen Hängen, die zum Teil noch händisch gemäht werden müssen, eine Landwirtschaft betreiben und uns täglich mit Lebensmitteln versorgen, uns täglich mit den Produkten ihrer Arbeit nähren.

Tiere auf den Bergen zu halten, zu weiden, ist für uns vielleicht eine sehr romantische Vorstellung. Doch in Wirklichkeit ist es harte Arbeit. Jedem Wetter zu trotzen, täglich die Kühe zu begleiten, jeden Tag zwei Mal zu melken, die Tiere zu pflegen – denn nur eine zufriedene, ausgeglichene Kuh gibt eine besondere Milch. Wir können den Bergbäuerinnen und -bauern durch

Transferzahlungen und den Milchpreis ein Auskommen sicherstellen, aber niemals die Mehrleistungen, den außerordentlichen Aufwand, der nur mit einer besonderen Hingabe und Liebe zu leisten ist, bezahlen.

Es ist die noch immer viel zu gering geschätzte Kulturleistung der Bergbäuerinnen und -bauern und ihre innere Haltung, mit der sie Lebensmittel für uns schaffen und die sie uns als ihre Gabe schenken. Sie wirtschaften mit Rücksicht und Umsicht und pflegen, erhalten und veredeln die alpenländische Kulturlandschaft. Die Besitzer der landwirtschaftlichen Betriebe in den Alpen sind nicht nur die Heger dieses Kulturguts, sie sind auch ihre Seele und schaffen mit ihrer täglichen Arbeit noch eine Erholungslandschaft für uns. Bergbäuerinnen und -bauern sind außerdem unsere Nahversorger mit qualitativ hochwertigen Lebensmitteln. Hinter ihren Produkten steckt mehr, als es uns als Konsumentinnen und Konsumenten erscheint, mehr, als wir erwarten können. Und dieses Mehr macht die besondere Qualität der Lebensmittel aus bergbäuerlicher Erzeugung aus.

Tiere gehören in die Natur

Ob Wiederkäuer, Schweine oder gefiederte Tiere: Tiere gehören hinaus in die Natur. Mögen die Ställe noch so modern und großzügig gestaltet sein und der Auslauf 24 Stunden am Tag zugänglich, alles zusammen ist kein Ersatz für die Weide. Denn erst auf ihr können sich die Tiere ihrer Art gemäß entwickeln, ihre sozialen Fähigkeiten in der Herde ausbilden und ihren Lebenssinn erfahren. Hier bewegen sich die Tiere Tag für Tag bei jedem Wetter in ihrem Almweidegang (Abhärtung), das heißt, auch im intensiven und zum Teil heilenden (= bakterientötenden) Sonnenlicht. Durch ihr selektives Fressverhalten nehmen sie nur das Futter zu sich, das ihnen wohl bekommt. Auf der Weide haben die Tiere die freie Wahl. Verbringen sie den Sommer noch dazu auf der Alm, haben sie dort eine Futtergrundlage mit besonderer Heilwirkung. Bis zu 1000 verschiedene Gräser und Kräuter wachsen auf der Alm. Die Tiere wählen die für sie besten Kräuter: Eine Kuh frisst bis zu 80 Kilogramm Gras pro Tag und mehr.

Die Kühe haben Muße, in der schönsten Umgebung in aller Ruhe wiederzukäuen. Eine Kuh kaut bis zu sechs Stunden wieder. Am Tag macht sie so bis zu 20.000 Kaubewegungen. Im Rhythmus fressen – wiederkäuen. So bereitet sie das Gras, die Kräuter und die für uns Menschen ungenießbare Raufaser auf, sodass der Blättermagen die Vitalstoffe aufschließen kann und sie in die Milch beziehungsweise in das Fleisch eingelagert werden. Zum Trinken haben sie auf der Alm reines Quellwasser, denn eine Kuh trinkt pro Tag um die 70 Liter Wasser. Auf der Weide oder auf der Alm wachsen die Tiere viel langsamer, die Bäuerin oder der Bauer lässt ihnen Zeit.

Summa summarum ist es das größte Glück für uns, eine zufriedene, ausgeglichene, über alle Zeit der Welt verfügende wiederkäuende Kuh zu sehen. Das erdet uns, und wenn wir ihr dabei auch noch in die Augen sehen, erblicken wir nicht nur ein jahrtausendealtes Wissen, sondern wir sehen auf den Grund eines unendlichen Friedens!

Auslauf und Weidehaltung

Bei landwirtschaftlichen Betrieben, die maschinengerecht sind, hat das Vieh keinen Platz mehr auf der Weide. Immer weniger Kühe – biologisch oder konventionell gehalten – haben Weidegang. Wissen Sie zum Beispiel, dass Biorinder laut Verordnung keine Sekunde ihres Lebens auf der Weide gewesen sein müssen? Laufstallhaltung beziehungsweise Auslauf sind der Ersatz für die Weidehaltung. Auslauf ist ja ein besonders misszuverstehendes Wort. Meist heißt Auslauf nichts anderes, als dass das Vieh auf einem betonierten Platz vor dem Stall gehalten wird. Mit dem Begriff „Auslauf“ wird meistens die Weidegangverweigerung kaschiert. Tiere in dieser Umgebung zu erleben, bedrückt mich immer.

Doch den Tieren auf der Weide zuzusehen, macht mich froh und lässt mein Herz im Leibe lachen. Weidehaltung ist für die Tiere auch gesünder. Als Kind habe ich miterlebt, wie die Kühe zum ersten Mal nach dem langen Winter wieder auf die Weide durften, mit welch unbändiger Freude sie herumtollten! Wie sie die Hinterbeine in die Höhe warfen, in welchem Glücksrausch sie waren! Und wenn die Rinder im Herbst von der Alm nach Hause getrieben wurden, erlebte ich Jahr für Jahr den eklatanten Unterschied zu dem, wie sie im Frühjahr auf die Alm gekommen waren. Die Tiere waren im Herbst viel vitaler und widerstandsfähiger als im Frühling nach einem langen Winter im Stall. Den Sommer über bekamen sie ein dichtes, robustes Fell und man sah ihnen an, dass sie einiges auf der Alm erlebt hatten, der Schalk saß den Rindern in den Augen. Für jeden Menschen war sichtbar, dass die Tiere kerngesund und lebenslustig waren.

Haben Kühe eine Seele?

Ein Bauer, der meiner Auffassung von Landwirtschaft kritisch gegenübersteht, hat mir Folgendes erzählt: Auf seinem Hof, der so um die dreißig Kühe umfasst, gab es eine Hofkuh, die im Sommer, wenn alle Rinder auf der Alm waren, zu Hause blieb, um die Familie mit Milch zu versorgen. Diese Kuh hatte eine besonders innige Beziehung zur Mutter des Bauern. Als wieder einmal der Almauftrieb war, war die Mutter im Krankenhaus, und sie trieben alle Tiere auf, auch die Hofkuh. Auf der Alm legte sie sich hin, bewegte sich nicht mehr und verweigerte das Fressen.

Der Bauer, der mir die Geschichte erzählte, war damals noch ein Jugendlicher. Sein Vater schickte ihn mit dem Traktor und Anhänger auf die Alm, um die Hofkuh herunterzuholen. Als nun der Junge vor der Kuh stand, wusste er nicht, wie das Tier auf den Anhänger zu bringen war. Und in seiner grenzenlosen Verzweiflung redete er auf die Kuh ein, sagte ihr, dass die Mutter wieder zu Hause sei und er sie zu ihr bringen solle. Die Kuh, die sich seit Tagen nicht mehr bewegt hatte, stand auf und ging aus freien Stücken auf den Anhänger. Als er sie von der Alm auf den Hof zurückbrachte und seine Mutter aus dem Haus kam, um die Kuh zu begrüßen, kullerten der Kuh die Tränen übers Gesicht. Niemand, der einen ernsthaften Umgang mit Tieren hat, kann tatsächlich daran zweifeln, dass Tiere eine Seele haben.

Der Demeter-Verband – das ist eine Vereinigung von Bauern, die nach der auf Rudolf Steiner zurückgehenden, biologisch-dynamischen Landwirtschaftsmethode produzieren – hat das sogar in seinen Richtlinien festgesetzt. Hier heißt es: „Das Tier (Kuh) als beseeltes Wesen ist als Haustier besonders auf unsere Obhut angewiesen. Es gilt, ihm die nötige Fürsorge angedeihen zu lassen und ihm gleichzeitig die spezifische wesensgemäße Entfaltungsmöglichkeit zu schaffen."

Kühe brauchen ihre Hörner

Vom Unrecht enthornter Rinder

Ich kann über die Milch und auch über das Fleisch nicht schreiben, ohne über das himmelschreiende Unrecht der Enthornung zu reden. Seit 10.000 Jahren leben Menschen und Rinder miteinander, viele unserer kulturellen Errungenschaften wären ohne die Symbiose Rinder-Menschen nicht möglich.

Heute sehen wir kaum noch Hörner bei den Rindern. Die Hörner sind nicht von selber abgefallen, denn die wenigsten Kühe sind genetisch hornlos. Nein, auch hier hat der Mensch eingegriffen und plötzlich begonnen, die Hörner der Kühe abzuschlagen. Welch ein Vandalismus! Welch ein barbarischer Akt!

Hörner als Verdauungsorgan

Hörner können verletzen. Vor diesem Argument gehen alle in die Knie. Aber die Hörner sind ihrer Funktion nach nicht die Waffe der Rinder, das sind die Klauen. Das Horn hat bei den Rindern eine andere Funktion: Es ist das nach außen gewachsene Verdauungsorgan. Das Horn ist bis zu seiner Spitze mit einer Schleimhaut ausgestaltet. Beim Wiederkäuen, während des Verdauungsprozesses, erwärmt sich das Horn. In der ethologischen Forschung wurde schnell augenfällig, dass ein unmittelbarer Zusammenhang zwischen dem Anteil von Raufutter bei den Rindern und der Größe ihrer Hörner besteht. So konnte nicht übersehen werden, dass die Hörner etwas mit dem Verdauungsprozess zu tun haben müssen. Auch die Geburt jedes Kalbes wird in Form einer Verkerbung im Horn der Kuh angezeigt.

Vitalkräfte der Milch durch Hörner

Haben die Hörner aber auch etwas mit der Milchqualität zu tun? Wenn wir die Milch durch die üblichen Milchqualitätsparameter wie Fett, Eiweiß, Laktose, Zellzahl etc. ansehen, ist kein Unterschied messbar. Wenn wir hingegen die Milchqualität mittels Steigbildern und Kristallbildern beurteilen, also ihre Struktur und ihre Dynamik, so lässt sich eindeutig sagen: Fehlen der Kuh die Hörner, fehlen der Milch die ordnenden Vitalkräfte. „Uns zu ernähren, heißt, unseren Organismus auf hoher Ordnungsstufe zu halten, heißt: uns Ordnungsdynamik aus unseren Lebensmitteln zuzuführen". So meinte es der Physiker und Nobelpreisträger Erwin Schrödinger.

Milch von hornlosen Kühen hat eine geringere Formkraft und ist weniger gestaltet. Während die Milch von behornten Kühen harmonischer gegliedert ist und eine feinere Gestaltung zeigt, erscheint die Milch von hornlosen Kühen wuchernd sowie gestalt- und kraftlos. Wenn es also so ist, dass wir uns ernähren und unser komplexer Organismus sich auf hoher Ordnungsstufe hält, indem wir dynamische Ordnung von außen aufsaugen, sind nicht nur der Geschmack, sondern auch die im Lebensmittel wirkenden dynamischen Kräfte von Bedeutung.

Vom Glück behornter Rinder

Darum macht es uns glücklich, wenn unsere Kühe Hörner tragen und damit unserem ästhetischen Bewusstsein zusprechen. Weil die Integrität des Tiers, dessen Lebensmittel wir zu uns nehmen, für unser Wohlbefinden wichtig ist und weil es uns letztlich guttut, Lebensmittel von unbeschädigten Tieren zu essen.

Nicht nur unserem Auge zuliebe, denn eine Kuh mit Hörnern ist einfach von umwerfender, manchmal auch von furchteinflößender Schönheit, nein, auch unserer Gesundheit zuliebe – Bäuerinnen und Bauern, lasst den Kühen die Hörner! Eine enthornte Kuh ist für jeden Menschen erkennbar beschädigt. Jedes Mal, wenn die Integrität der Tiere verletzt wird, wie zum Beispiel beim Enthornen der Rinder, denkt daran, dazu haben wir kein Recht! Es ist nichts anderes als eine unangebrachte Anmaßung.

Heumilchwirtschaft

Was ist echte Heumilch?

Werden Tiere ausschließlich mit Heu, Gras und etwas Getreide gefüttert und kommt keine Silage zum Einsatz, spricht man von Heumilchwirtschaft. Ich bin ein großer Verfechter der Heumilch.

Doch um Milch laut Verordnung als „Heumilch“ bezeichnen zu dürfen, müssen die Kühe nicht auf der Weide gehalten werden, das heißt, auch bei Tieren mit reiner Stallhaltung kann die Milch so genannt werden. Doch für mich macht Heumilch keinen Sinn, wenn die Tiere nicht auf der Weide sein können, so lange das Wetter es zulässt.

Tiere gehören auf die Weide, ihrer Gesundheit wegen, der unvergleichlichen Qualität der Lebensmittel, die wir von ihnen bekommen, halber und letztendlich ihres Glücks wegen. Denn auf der Weide gehaltene Tiere sind glückliche Tiere. Welche Besonderheit die Heumilch ist, erkennen Sie daran, dass nur noch knapp zwei Prozent der Milch in der EU Heumilch ist. Im Vergleich zu Hochleistungskühen im Tal oder auf dem flachen Land erbringen Tiere aus Heumilchbetrieben um mehr als die Hälfte weniger Milch.

Gras und Heu für die Tiere

Für die Bäuerinnen und Bauern ist das Heuen gerade in einem verregneten Sommer eine mühevolle, aufwendige Arbeit. Doch erhält die Heuwirtschaft die Vielfalt der Wiesen, und im Gegensatz zur Silage riecht Heu einfach wunderbar. Noch dazu ist das Heu nebst dem frischen Gras die ideale Futtergrundlage für die Kühe, für eine vollkommene Milch. Mit ihren spezialisierten Verdauungsorganen, mit ihrem hoch entwickelten vierteiligen Magen vermögen sie Raufaser wie Heu aufzuschließen und daraus qualitative Lebensmittel zu machen. Die Milch ist aromatischer, ausgewogener und eignet sich wegen der fehlenden Clostridien vor allem für die Erzeugung von Rohmilchkäse. Die Heumilch produzierenden Bäuerinnen und Bauern haben sich ganz bewusst für mehr Qualität und gegen die Massenproduktion entschieden. Die Nachhaltigkeit des Wirtschaftens gehört selbstverständlich zu ihrem Ethos, ist die Maxime ihres Handelns.

Wissenswertes: Vorzüge der Heumilch

Milch von Kühen aus Weidewirtschaft weist im Vergleich zu Milch von Tieren, die nicht auf die Weide können und vor allem mit Silage und viel Kraftfutter gefüttert werden, einen bis zu 50 Prozent höheren Wert an konjugierter Linolsäure (CLA) und einen deutlich höheren Wert an mehrfach gesättigten Omega-3-Fettsäuren auf. Heumilch hat darüber hinaus einen bis zu 75 Prozent höheren B-Carotinwert.

Der CLA werden positive Wirkungen nachgesagt, insbesondere gilt sie als antikarzinogen, antiatherosklerotisch und immunmodulierend. Auch die α-Linolsäure ist bei der Heumilch deutlich höher. Diese wiederum soll eine Rolle beim Aufbau und der Funktion des Nervensystems spielen und dabei helfen, Stress besser abzubauen.

Omega-3-Fettsäuren sind wie Omega-6 mehrfach ungesättigte und essentielle Fettsäuren, das heißt, unser Körper kann sie nicht selbst bilden. Wichtig für unser Wohlbefinden und unsere Gesundheit ist vor allem ein günstiges und ausgewogenes Verhältnis von Omega-3- zu Omega-6-Fettsäuren, das idealerweise 1:3–5 betragen sollte. Es ist nicht so lange her, da hatten unsere Vorfahren das Verhältnis von 2–3:1, durch unsere Ernährungsgewohnheiten ist dieses Verhältnis gänzlich gekippt, bis zu einem Ausmaß von 1:25–50. Das bedeutet also, dass wir zu viel Omega-6 und zu wenig Omega-3 zu uns nehmen. Für unsere Gesundheit ist es außerordentlich wichtig, dieses Verhältnis wieder umzukehren. Ein Schritt in die richtige Richtung ist, tierische Lebensmittel aus Weidehaltung zu konsumieren.

Wofür sollen nun diese Omega-3-Fettsäuren gut sein? Es wird angenommen, dass sie Blutfettwerte verbessern, positive Auswirkungen auf Herz und Kreislauf haben, unser Immunsystem im Gleichgewicht halten und vieles mehr. Dies bedeutet, dass sie bei vielen sogenannten Zivilisationskrankheiten vorbeugend wirken.

Milchwirtschaft heute

Tierhaltung

Heute erreichen die Kühe in Hochleistungsställen ja nur noch zwei bis drei Laktationen, das heißt, sie kalben nur zwei bis drei Mal. Dann sind sie erschöpft, haben Entzündungsprobleme, Fertilitätsschwierigkeiten, Beeinträchtigungen von Leber und Nieren und müssen zum Schlachter. Doch Untersuchungen der Milchqualität haben ergeben, dass es für die längere Frische der Milch und für den harmonisch ausgeglichenen, rahmigen Geschmack notwendig ist, dass in jedem Stall auch ältere Kühe sind. Gerade die erbringen diese besonderen Geschmacksqualitäten.

Tierfutter

Wenn Gras zu Silage verarbeitet wird, wird es bei zirka 15 bis 20 Zentimeter Höhe gemäht und siliert. Diese Art der Landwirtschaft ist der Tod der Biodiversität in der Flora. Das Gras kann niemals zum Blühen kommen und sich nicht mehr aussamen. Auch ist die vorgegorene Silage der Gesundheit der Tiere nicht förderlich. Proteinhaltiges Futter ist für die Rinder eine große Belastung, da ihr vierteiliger Magen dafür nicht geeignet ist. Es bringt Klauenprobleme, Gelenksentzündungen, Fertilitätsprobleme und vieles mehr mit sich. Zusätzlich führt der hohe Einsatz von Silomais zu einem ungünstigen Fettsäuremusterverhältnis.

In der konventionellen Landwirtschaft sind erhöhte Kraftfutterzugaben bis zu 50 Prozent möglich, laut Verordnung in der biologischen Landwirtschaft bis zu 40 Prozent. Proteinhaltiges Tierfutter wie Soja, das in der Dritten Welt angebaut wird, führt dort zu gewaltigen Umweltkatastrophen, deren Auswirkungen uns alle treffen werden. Das Abholzen der Regenwälder ist in vielerlei Hinsicht eine Katastrophe. Es führt zur völligen Verödung der Böden, die mit ihrer dünnen Humusschicht nicht für den Ackerbau geeignet sind, zum Verlust der Existenzgrundlage der indogenen Bevölkerung und damit zu ihrer Vertreibung. Die Realität ist nämlich: Tierfutter wird weltweit gehandelt und weltweit transportiert. Nicht zuletzt wegen der CO_2-Bilanz wäre es wünschenswert, ausschließlich einheimisches Futter zu verwenden.

Silage

Unter Silage versteht man eigentlich alle mithilfe eines Fermentationsprozesses (Gärung) haltbar gemachten Futtermittel – Grassilage, Maissilage, Trebersilage etc. Dabei wird der im Siliergut enthaltene Zucker (Kohlenhydrate) durch Milchsäurebakterien in Säure und Kohlendioxid umgewandelt, der pH-Wert sinkt und konserviert das Futtermittel.

Die Silagetechnik macht den Einsatz von energiereichen Futtermitteln wie Maissilage erst möglich. Silagefutter benötigt als Gegenspieler eine starke Proteinquelle, meist Sojaextraktionsschrot aus Südamerika. Der hat in den Mägen von Wiederkäuern nichts zu suchen. Und kann es in unserem Interesse sein, dass der Regenwald in Brasilien für das Sojafutter des heimischen Rindes abgeholzt wird? Soja dient nur einem Interesse: die Leistungsfähigkeit der Tiere auf Kosten ihrer Gesundheit und auf Kosten unserer Umwelt zu steigern. Auch belastet Silage unsere Umwelt: Heutzutage wird dieses Futter sehr oft und für uns unübersehbar in Ballenform mit Folienabschluss produziert – Umweltbelastung durch Müll und Verschandelung des Landschaftsbildes sind die Folge.

Fehler beim Silieren, wie Schimmel- oder Clostridienbildung oder Buttersäuregärung, beeinträchtigen die Futterqualität und somit die Tiergesundheit. In Gebieten mit einer hohen Bedeutung der Käseherstellung, wie zum Beispiel im Bregenzerwald in Vorarlberg, wird auf die Fütterung von Silage verzichtet, da die Hartkäseherstellung durch die aus der Silage in die Milch übertragenen Clostridien deutlich erschwert wird.

Milchverarbeitung

Jegliche Beanspruchung, sprich technische Bearbeitung der Milch mindert ihre Qualität. In der Regel wird die Milch bei den Bäuerinnen und Bauern alle zwei Tage abgeholt. Letztere müssen sie herunterkühlen, dann wird die Milch abgepumpt, transportiert, in einen Sammeltank gepumpt, mit etwa 68 bis 72 Grad Celsius pasteurisiert und homogenisiert. Wenn die Milch nicht homogenisiert wird, rahmt sie sich in ihrer Verpackung auf und Sie müssen die Packung aufschneiden und den Rahm herunterschaben. Gerade die Homogenisierung ist eine große Beanspruchung der Milch.

Welche Milch trinken Sie?

Noch wird die Milch kaum differenziert und uns unter dem Motto angeboten: Milch ist weiß und damit Milch gleich Milch. Doch Qualität hat viele Facetten. Es gilt, auf vieles zu verzichten und vieles zu beachten, um ein Lebensmittel zu schaffen, das uns rundweg glücklich macht und alle unsere Sinne anspricht. Wählen Sie als Kundinnen und Kunden ganz bewusst Lebensmittel, die in ihrer Kennzeichnung die höchsten Qualitäten erfüllen. Milchqualität hat mit der Haltung und vor allem mit dem Futter zu tun. Sehen Sie also genau hin und fragen Sie nach, wie die Tiere gefüttert und wie sie gehalten wurden, was für ein Leben sie hatten.

So konsumieren Sie im Einklang mit der Natur und stimmen mit Ihrem Einkauf darüber ab, dass eine nachhaltige Art der Landwirtschaft Ihre Zustimmung hat. So wird Ihnen ein außerordentlicher Genuss, tiergerechter Umgang und eine nachhaltige Landwirtschaft, die auch für Ihre Kinder den Alpenraum als

Erholungsraum erhält, geschenkt. Lassen Sie sich keinen Sand in die Augen streuen, schauen Sie genau hin!

1. Silagemilch aus konventioneller Landwirtschaft

Der Großteil der Milch kommt aus Silagebetrieben mit Laufstall- oder Anbindehaltung mit oder ohne Auslauf. Es gibt kaum Weidehaltung, sehr selten werden die Kühe auf die Alm getrieben. Bei fast allen Betrieben wird wegen der Milchleistung proteinhaltiges Soja gefüttert. Für die Tierhaltung gilt das Tierschutzgesetz, Fremdfutterzukauf ist unlimitiert, Enthornung ist erlaubt.

2. Biomilch

Etwa 15 Prozent der österreichischen Milch kommt aus Betrieben mit biologischer Landwirtschaft. In diesen Betrieben dürfen keine Industriedünger und Pestizide verwendet werden, das Futter muss derzeit aus biologischen Betrieben stammen. Bis zum Herbst 2007 konnte ein erheblicher Anteil des Futtergetreides aus konventioneller Landwirtschaft kommen. Jeder einzelne Betrieb wird ein Mal im Jahr auf die in der Bioverordnung vorgegebenen Kriterien hin kontrolliert. Die Betriebe haben Laufstall- oder Anbindehaltung, Auslauf ist zwingend vorgeschrieben. Weidehaltung ist nicht verpflichtend. Die meisten Biobetriebe füttern ihre Tiere mit Silage und auch Soja. Fremdfutterzukauf bis zu 40 Prozent sowie Enthornung sind erlaubt.

3. Heumilch

Es gibt sowohl Biobetriebe als auch konventionell wirtschaftende Betriebe, die bei ihrer Rinderfütterung auf Silage verzichten. Was oft als „Heumilch“ verkauft wird, entspricht allerdings nicht meiner oben beschriebenen Definition: Soja darf zugefüttert werden, Weidehaltung ist nicht vorgeschrieben und Enthornung ist erlaubt.

4. „Zurück zum Ursprung"-Bergbauern-Heumilch aus Weidewirtschaft

Nachdem ich mich mit der Grünlandwirtschaft und den unterschiedlichen Milchqualitäten schon seit Jahrzehnten auseinandersetze, bin ich der Überzeugung, dass in absehbarer Zeit die Bäuerinnen und Bauern dazu übergehen werden, ihre verschiedenen Produktionsweisen auch den Konsumentinnen und Konsumenten zu erklären. Denn nur, wenn das gelingt, wird Grünlandwirtschaft eine Zukunft haben.

So begann ich im Herbst 2006, in der Region Murau und in Kitzbühel ein neues Projekt mit folgenden Kriterien zu verwirklichen:

a) Ausschließlich Heumilch von Bergbauernbetrieben, die auf Silage verzichten. Wer Bergbäuerin oder -bauer ist, hängt mit der Seehöhe des Betriebs zusammen, und das wurde 1994 durch eine Verordnung des Landwirtschaftsministeriums geregelt.
Bäuerinnen und Bauern, die in meinem Projekt von Silage auf Heufutter umstellten, beobachteten bei ihren Tieren sehr schnell, dass das ehemals stumpfe Fell einen seidigen Glanz bekam, die Probleme mit den Klauen weniger wurden und insgesamt – das sagten alle unisono – die Gesundheit der Tiere gestiegen war. Es gab auch einen Wermutstropfen: Die Milchmenge, die die Kühe erbrachten, wurde signifikant weniger. Stärkung der Gesundheit auf Kosten der Leistung, wobei von der Tagesleistung die Rede ist und nicht von der Lebensleistung einer Kuh. Da schaut es ganz anders aus!

b) Verpflichtende Weidehaltung. Anfänglich hatten wir 180 Tage pro Jahr vorgesehen, doch dies war aufgrund der klimatischen Bedingungen in Tirol nicht möglich, in Murau wären dagegen auch 200 Tage durchführbar gewesen. Ich habe die 180 Tage dann schweren Herzens auf 120 Tage mit zusätzlich verpflichtenden 60 Tagen Auslauf auch im Winter reduzieren müssen.
c) Mindestens 75 Prozent des Futters müssen vom eigenen Hof kommen. Dies ist eine Barriere gegen die Kommerzialisierung der Landwirtschaft und stärkt den kleinen und mittleren Familienbetrieb. Ich bin der Überzeugung, dass langfristig nur von diesen Betrieben eine besondere Qualität kommen wird.
d) Da der Futtermittelhandel global agiert, ist in unserem Projekt vorgegeben, dass ausschließlich heimisches Futter, wie Gerste etc., zugekauft werden darf. Das bedeutet, es gilt Sojaverzicht.
e) Totaler GVO-Verzicht (gentechnisch veränderte/r Organismus/men), von Kontrollstellen überprüft.
f) Nur organischer Dünger, wie etwa Mist, kommt zum Einsatz.
g) Besonders tiergerechte Haltung sowie alle anderen vorgegebenen Kriterien sind mindestens ein Mal im Jahr durch Kontrollstellen zu evaluieren.
h) Regionalität. Wo immer es möglich ist, müssen wir Lebensmittel, die Art und Weise, wie sie produziert werden und die Herkunft der Rohstoffe der Anonymisierung entziehen. Hinter jedem Arbeitsschritt steht ein konkreter Mensch. Hinter jedem Liter Milch steht eine Bäuerin, ein Bauer mit Familie. Indem ich versuche, die Milch einer Region zuzuordnen, gebe ich den Produkten eine Identität, mit der sich die Bäuerinnen und Bauern identifizieren. Das schafft einen menschlichen Bezug und macht klar, dass es ohne das Engagement der Bäuerinnen und Bauern keine besonderen Lebensmittel gibt, die uns bei ihrem Genuss glücklich zu machen vermögen.
i) Nachvollziehbarkeit. Die meisten Menschen sind von der Produktion von Lebensmitteln völlig ausgesperrt. Dass die Milch nicht von der Kuh, sondern aus dem Packerl kommt,

ist ein die Situation treffender Witz. Heute haben die Konsumentinnen und Konsumenten kaum noch Bezug zur Landwirtschaft. Deshalb ist es mir wichtig, dass die einzelnen Fertigungsschritte transparent sind und dass alle Konsumentinnen und Konsumenten Anteil daran haben können, wie ihre Lebensmittel produziert werden. Über das, was uns nährt, sollten wir selbstverständlich auch alles wissen.

Die beste Milch

1. Frische Almmilch

Am besten bekommen Sie diese Milch auf Ihrer Bergwanderung. Sie hat noch dazu den Vorzug, euterfrisch und unbehandelt, also frei von mechanischen und technischen Beeinträchtigungen zu sein. Es gibt allerdings einen Nachteil: Sie ist nur vor Ort zu genießen. Lassen Sie keine Gelegenheit verstreichen!

2. „Zurück zum Ursprung"-Bergbauern-Heumilch

Diese Milch stammt von den Heumilch erzeugenden Bäuerinnen und Bauern, ist also Milch aus silagefreier Fütterung. Diese Heumilch, die ausschließlich von bergbäuerlichen Betrieben stammt, ist eine besondere Milch, deren unvergleichliche Qualität wir erst noch schätzen lernen müssen.

3. Heumilch

Ausgezeichnete Heumilch von Tieren, die ihre Sommer auf der Weide verbringen, bekommen Sie auch von der Sennerei Lingenau und der Sennerei Zillertal in Vorarlberg.

Joghurt

Der Vergleich macht sicher

Während eines bestimmten Lebensabschnitts musste ich regelmäßig drei bis vier Mal die Woche auf dem Markt angebotene Joghurts verdeckt verkosten. Mit Grauen erinnere ich mich an diese Zeit, es war eine Strafexpedition! Was uns da vielfach zugemutet wurde und wird, ist einfach unbeschreiblich. Gerade dieses Massenprodukt führt uns deutlich vor Augen, wie wenig sich Produktionsbetriebe anstrengen, wie gering der Ehrgeiz ist, ein gelungenes Lebensmittel zu erzeugen.

Und das bei einem Produkt, das – wenn wir der Werbung glauben dürfen – unser Wohlbefinden steigert, unser Immunsystem aktiviert und uns kurz gesagt ein langes, beschwerdefreies Leben schenken soll. Ich vermag nicht zu beurteilen, ob diese gesundheitsbezogenen Aussagen zutreffen. Falls doch, ist der Preis dafür die Notwendigkeit, unsere Geschmacksfähigkeit auslöschen zu müssen. Beurteilen Sie selbst, wie völlig unterschiedlich Produkte sein können, die unter dem Begriff Joghurt feilgeboten werden. Vertrauen Sie Ihrem Gaumen und lassen Sie sich nicht länger täuschen um Ihr Geld!

Geschmacksfalle Joghurt

In einem Joghurt haben naturidente Aromastoffe, künstliche Zitronensäure, synthetische Farbstoffe und nicht gekennzeichnete Bindestoffe wie Molken- und Magermilchpulver nichts verloren. Gerade bei diesen beiden harmlos klingenden Stoffen entstehen beim Trocknungsprozess oxidierte Cholesterine, sogenannte Oxycholesterine, die Zellen und Gefäße schädigen sollen. Oft werden sie nur deshalb den Joghurts beigefügt, um Produktionsfehler zu kaschieren oder um zu verhindern, dass Sie beim Öffnen des Joghurts eine grünliche, wässrige Flüssigkeit obenauf schwimmen sehen (Synärese). Und seien Sie auf der Hut vor künstlichen Süßstoffen, wie zum Beispiel Aspartam, um einen von vielen zu nennen! Diese Süßstoffe narren nur Ihren Körper und stellen sich in Wirklichkeit oft als Appetitanreger heraus.

Die hohe Kunst des Einfachen

Und dabei ist nichts einfacher, als ein gutes Joghurt zu fertigen. Ein gelungenes Joghurt sollte über ein volles, milchiges, in seiner Säurenote harmonisches Geschmacksprofil verfügen, das schon am reinen und frischen, durch die Milchsäure hervorgerufenen Geruch erkennbar ist. Die häufigsten Beeinträchtigungen sind eine spitze, unangenehme Säure, ein durch den fehlgeleiteten Fermentationsprozess hervorgerufener, unreiner Geschmack sowie ein muffig-modriger Geruch. Bei einem guten Joghurt ist die Textur cremig und erzeugt ein volles, angenehmes Mundgefühl. Abweichungen äußern sich zum Beispiel in einer grießigen beziehungsweise bröckeligen Struktur, einer aus den Fugen geratenen Viskosität, die entweder zu kurz oder fadenziehend ist. Solche Produkte sind im Mundabgang häufig rau oder pelzig-trocken.

Für ein Joghurt braucht man nur Milch und Joghurtkulturen sowie die richtige Temperaturführung für den Fermentationsprozess. So simpel kann das Leben sein.

Der lange Weg zum guten Joghurt

Jahrelang bin ich mit meiner Idee, wie ein richtiges Joghurt erzeugt werden muss, herumgeirrt, habe die unterschiedlichsten Fachleute davon zu überzeugen versucht, die Antwort war immer die gleiche: Das ist technologisch nicht möglich. Viel zu riskant, wer soll schon den Unterschied schmecken? Doch bei jeder Blindverkostung, mit der man mich auf die Probe stellen wollte, war der Unterschied von mir leicht zu benennen. Denn die Differenz von einem guten, durchschnittlichen Lebensmittel zu einem außerordentlichen ist nun einmal himmelhoch. Viele Joghurthersteller haben anscheinend in ihre eigene Fertigungskunst und in die Qualität ihrer Arbeit so wenig Vertrauen, dass sie mit einer Palette von Hilfsmitteln in ihrem Joghurt herumpfuschen müssen – darum schmeckt es oft auch verpfuscht.

Was ist in so einem Fall zu tun? Jetzt ist der Moment gekommen, in dem Sie zu einem Naturjoghurt mit 3,5 Prozent Fett von „Zurück zum Ursprung" greifen sollten, um zu wissen, was Joghurtkultur, Joghurtgenuss heißt. Zu meinem Bedauern muss ich gestehen, dass es nicht viele Alternativen gibt. Die Kunst, so ein Joghurt herzustellen, ist eine ganz einfache. Es muss nur auf alles verzichtet werden, was in einem Joghurt nichts verloren hat.

Joghurt aus Schafmilch

Schafe auf die Weide!

Produzenten von Schafmilchprodukten behaupten meist unverblümt: Die Schafmilch ist die wertvollere Milch. Das vermag ich nicht zu beurteilen, aber eines ist klar: Die Qualität von Schafmilchprodukten entscheidet sich innerhalb von Minuten nach dem Melken. Auch gilt für die Schafe das Gleiche wie für die Rinder und Ziegen, sie gehören auf die Weide. Und außerordentliche

Milch beziehungsweise Fleisch bekommt man, wenn auf die Fütterung von Silage verzichtet wird. Für Schafhalter in den Bergen oder gar Wanderschäfer ist das selbstverständlich, sie haben offensichtlich noch ein unmittelbareres Verhältnis zur Qualität.

Schafbauern in den Gunstlagen lassen sich zu oft von bequemeren Möglichkeiten verführen, halten die Tiere jahrein, jahraus im Stall und füttern sie mit Silage. Im Übrigen hat Schafmilch von Schafen, die auf Wiesen mit hoher Biodiversität gehalten werden, einen hohen CLA-Wert (konjugierte Linolsäure). Wird die Milch nicht erhitzt, bleibt die konjugierte Linolsäure intakt. Darüber habe ich schon bei der Milch gesprochen.

Familie Rzepa

Schafmilchprodukte von beeindruckender Qualität kommen vom biologisch geführten Hegi-Hof der Familie Rzepa aus Berg in Niederösterreich. Innerhalb weniger Minuten wird die euterwarme Milch hier weiterverarbeitet. „Das bringt die beste Qualität", behauptet nicht nur die Familie Rzepa, sondern dieser Meinung schließe auch ich mich vollinhaltlich an. Ich liebe das Rzepa-Joghurt. Seit 25 Jahren ist es mein bevorzugtes Schafmilchjoghurt.

Was macht es so unübertrefflich?

1. Die Weidehaltung der Schafe.
2. Das Futter: Keine das Aroma beeinträchtigende Silagefütterung oder Kreuzblütler, deren starker Eigengeschmack die Harmonie stört, sondern nur Gras, Heu, Erbsen, etwas Hafer und Roggen.
3. Die euterwarme rasche Verarbeitung!

Etwas blauäugig kam die Familie Rzepa zur Landwirtschaft. Der Wunsch, in der Natur und mit der Natur zu leben, stand am Anfang, dann wollte sie sich noch die zweite Sehnsucht erfüllen, einen Selbstversorgerhof zu betreiben. Die einfach zu haltenden Schafe waren am Beginn die idealen Tiere. Mit der Milch der ersten Schafe produzierte sie für sich Joghurt und Frischkäse. Das war der Aufbruch in ein aufregendes Leben als Alternativproduzenten.

Im Grunde genommen sind die Produkte vom Hegi-Hof durch den Aufwand, der dort betrieben wird, um eine durchgängig kompromisslose Qualität zu erzeugen, unbezahlbar. Diese Art des persönlichen Engagements kann nicht abgegolten werden. Die Familie Rzepa lebt ihren persönlichen Lebenstraum: ein ganz besonderes, unvergleichliches Lebensmittel zu erzeugen. Das ist ihr gelungen und es gelingt ihr jeden Tag aufs Neue.

Die Familie Rzepa melkt die Schafe händisch, das fördert nicht nur die Gesundheit und das Wohlbefinden der Schafe, sondern gewährleistet auch in hygienischer Hinsicht eine bessere Milchqualität, so meinen die Rzepas.

Bei ihren Fruchtjoghurts setzt Familie Rzepa selbstverständlich keine vom Weltmarkt gekaufte Fruchtmasse ein, das entspräche ja nicht ihrer Lebensmaxime. Sie fertigt die Fruchteinlagen selbst von Hand. Die Früchte sind heimisch aus biologischer Landwirtschaft, gesüßt mit österreichischem Akazienhonig. Die Familie Rzepa, ein bewundernswertes Vorbild für kompromisslose Qualität.

Produkte
Naturjoghurt, Fruchtjoghurts in diversen, saisonal bedingten Geschmacksrichtungen, Weichkäse.

Familie Josef und Maria Eisl

Bei meinen Vergleichsverkostungen sind es immer wieder die Schafmilchprodukte der Familie Eisl, die mich begeistern. Sie gehen einen anderen Weg als die Rzepas, und doch steht am Ende des Weges ein Produkt von hoher Genussqualität. Aber eines haben sowohl die Familie Eisl als auch die Familie Rzepa gemeinsam: den unbändigen Ehrgeiz, etwas Außergewöhnliches zu schaffen. Und beiden gelingt es auf vortrefflichste Art und Weise.

Die Familie Eisl führt einen größeren Milchwirtschaftsbetrieb, und es war anfänglich ein harter Weg, ihren direkt am Wolfgangsee gelegenen Hof von der Rinderhaltung auf Schafe umzustellen. Das Image der Eisls sank bei den Nachbarn schlagartig. Ein richtiger Bauer hält in einer typischen Grünlage Rinder, war die Meinung der Nachbarn. Aber doch keine Schafe, das ist ein Gewerbe für arme Leute und nichts für einen ehrbaren Bauern vom Wolfgangsee. Respekt – nicht nur von ihren Nachbarn, sondern auch von ähnlich alternativ denkenden Menschen – verschaffte sich die Familie schnell, indem sie mit ihren Produkten bei nationalen und internationalen Prämierungen einen Sieg nach dem anderen einheimste. Zu diesen Siegen kam dann schnell auch der wirtschaftliche Erfolg.

Heute betreibt Familie Eisl einen Vorzeigebetrieb: „Erfolgreich mit höchster Produktqualität“ ist ihr Geheimnis. Den Sommer verbringen die Lämmer auf ihrer Alm, das macht die Tiere gesund und widerstandsfähig. Die Milchschafe sind während der Vegetationsperiode auf den Weiden. Im Winter ist die Herde in einem Laufstall und auf der Koppel. Die Familie Eisl führt einen professionellen Schafmilchbetrieb mit bester technischer Ausstattung. Und stellt hervorragende Schafmilchjoghurts her, die in ihrer Qualität kaum zu übertreffen sind.

Produkte

Das Schafmilchjoghurt von Familie Eisl zeichnet sich besonders durch mehrere Eigenschaften aus. Es ist cremig, vollmundig, geschmackvoll und stichfest.

- Naturjoghurt
- Fruchtjoghurts in diversen Geschmacksrichtungen

Butter

Butter – die Königin

Butter ist die Königin der Milchprodukte! Für kein Milchprodukt wird so viel Milch eingesetzt wie für die Butter. Für ein Kilogramm Butter wird der Rahm von zirka 20 Litern Milch benötigt. Butter verfeinert jede Speise, vor allem veredelt sie den Eigengeschmack von Gemüse, Fleisch, aber auch Fisch. Sie gibt dem Risotto die besondere Note und macht eine Schnitte Roggenbrot zum Ereignis. Ich glaube, dass Butter durch nichts ersetzt werden kann. Das ist wahrscheinlich der einzige Werbeslogan, der wahr ist.

Herstellung von Butter

Bei der traditionellen, heute kaum mehr praktizierten Fertigung von Butter wird die noch euterwarme Milch gleich nach dem Melken gesiebt und in ein weites Geschirr gegossen. Dieses wird zum Aufrahmen in eine kühle, luftige Milchkammer gestellt. Dann wird der Rahm abgeschöpft und in das Butterfass gegeben. Der Rahm wird so lange geschlagen, bis sich die Butter bildet und von der Buttermilch abscheidet. Diese originale Buttermilch hat einen leicht metallischen Geschmack. Manche lassen den Rahm erst säuern, bevor er verbuttert wird. Das ergibt die Sauerrahmbutter.

Geschmack von Butter

Süßrahmbutter

Süßrahmbutter hat einen vollen, frischen, rahmigen Geschmack von frischer Milch, ist eine Spur süßlich und gänzlich frei von oxidiertem Fett – ein feiner, harmonischer Genuss.

Sauerrahmbutter

Eine gute Sauerrahmbutter ist durchzogen von einer feinen, ausgeglichenen, milden Säure. Sie muss frisch schmecken, frei von Nebengeschmäcken. Die Säure darf nicht spitz sein und uns an Essigsäure erinnern. Die Butter hat dann einen unangenehmen Fehlgeschmack, oft nach oxidiertem Fett.

Die Wonnen der Almbutter

So wie oben geschildert, wird noch auf Almen gebuttert, und diese Butter ist entschieden die beste, die Sie bekommen können. Manchmal dauert es allerdings etwas länger, bis genügend Rahm zum Buttern beisammen ist, dann nimmt die Butter einen leicht ranzigen Nebengeschmack an. Daher probieren Sie die Butter erst, bevor Sie sie kaufen. Ranzige Butter ist nun wirklich zum Abgewöhnen. Es handelt sich hier um oxidiertes Fett, das der Gesundheit nicht zuträglich ist.

Aber eine vollendete, frische Süß- oder Sauerrahmbutter von der Alm ist eine Wonne. Eine derartige Butter auf einer Scheibe ordentlichen Schwarzbrots gegessen, ist ein vollkommener Genuss und zeigt uns, wie wenig oft nötig ist, um uns glücklich zu machen.

Diese Butter ist reich an Omega-3-Fettsäuren, reich an Beta-Carotin, reich an Geschmack und voll mit Aromen. Um eine original Almbutter herzustellen, tatsächlich von einer Alm stammend, ist geringer technologischer Einsatz nötig. Dafür aber viel Handwerk, Liebe zum Produkt und ein idealer Rohstoff, eben die Almmilch.

Molkereibutter

Bei der landläufigen Butter aus den Molkereien ist der technologische Einsatz, um die Butter herzustellen, relativ hoch. Wie wir wissen, mindern aber gerade bei der Milch schnelles Kühlen, Erhitzen, Pressen sowie jeder Einsatz von Scherkräften die Qualität. Dies schlägt bei keinem Produkt so durch wie bei der Butter.

Trotzdem sind die Qualitätsunterschiede auch bei Molkereibuttererzeugnissen erstaunlich groß. Und das, obwohl alle über eine ähnliche Technologie verfügen. Und etwas kommt gerade bei der Butter zum Tragen: je frischer, desto harmonischer der Geschmack. Eine Butter, die längere Zeit im Supermarktregal lag, verliert an Geschmack und Aroma, sie oxidiert leicht. Oft wird der sich dabei entwickelnde Fehlgeschmack als der eigentliche Buttergeschmack angesehen. So sehr haben wir uns schon vom Original entfremdet.

Machen Sie den Vergleich!

Deshalb erstehen Sie – wenn sich die Möglichkeit ergibt – eine echte, nicht vorgetäuschte Almbutter und vergleichen Sie diese mit einer herkömmlichen Molkereibutter. Die Butter sollte annähernd Zimmertemperatur haben. Nur dann kommt der Buttergeschmack voll zur Geltung. Die Vergleichsverkostung zeigt Ihnen den Qualitätsunterschied.

Produkte

Almbutter

Frische Butter direkt auf der Alm genossen, kann durch nichts ersetzt werden. Probieren Sie diese bei Ihrer nächsten Almwanderung und erleben Sie den unvergleichlichen Geschmack der Königin unter den Milchprodukten.

Sennereibutter aus silofreier Rohmilch

Die Sennerei Lingenau und die Sennerei Egg-Hof aus dem Bregenzerwald, über die ich im Käse-Kapitel mehr erzählen werde, erzeugen auch eine hervorragende Sennereibutter aus silofreier Rohmilch.

„Zurück zum Ursprung"-Joghurtbutter

Um Joghurtbutter herzustellen, bedarf es wenig, aber das wenige muss vom Besten sein: eine außerordentliche Joghurtqualität – daran scheitern die meisten Produzenten – und eine sanft gerührte Butter. Mehr nicht, aber alles vom Feinsten und mit Sorgfalt hergestellt.

Auf die „Zurück zum Ursprung"-Joghurtbutter bin ich sehr stolz. Butter sollte am Beginn des Haltbarkeitsdatums gekauft werden, je frischer, desto harmonischer und voller ist sie im Geschmack und im Aroma.

Käse

Über den Käse zu sprechen bedeutet unweigerlich, in eines der dunkelsten Genusskapitel vorzudringen. Was landläufig als Käse bezeichnet wird, ist allzu oft nicht mehr als ein Käseimitat. Trotz aller Auszeichnungen und dem vielen Schulterklopfen: Um die Käsekultur ist es nach wie vor schlecht bestellt.

Die Käsekultur ist eine zutiefst anarchische, dem Kreativen zugeordnete. Jede Gegend, jede Familie hat oder hatte ihre eigene Käsekultur, ihre eigenen Reifemethoden. Charles de Gaulle sagte einmal resignierend über die Franzosen und Frankreich: Wie kann man ein Land regieren, in dem es über 400 verschiedene Käsesorten gibt?

Unmöglich, deshalb war es der EU ein vordringliches Anliegen, die Käsesorten zu reglementieren und vieles, was den Charakter eines außerordentlichen Käses ausmacht, zu verbieten. All diese Versuche sind nichts anderes als Kastrationen. Kastrationen, um den Käsegeschmack zu nivellieren, ihm keinen Platz mehr zu geben für Außerordentliches und Charaktervolles.

1. Käse aus Kuhmilch

Vorzüge der Heumilch bei der Käseverarbeitung

Um einen charaktervollen Käse zu erzeugen, benötigt es eine besondere Milch: Heumilch aus den Bergen. Das bedeutet, Milch von Kühen, die vom Frühjahr bis zum Herbst auf der Weide oder auf den Almen gehalten werden und dort frisches Gras und Kräuter fressen.

Neben den geschmacklichen, unverwechselbaren Qualitätsvorzügen ist die Heumilchqualität auch besonders geeignet für die

Weiterverarbeitung zu Rohmilch- und Hartkäse. Denn nur Milch aus silagefreier Fütterung weist einen so geringen Gehalt an Fremdkeimen auf, dass sie zu Rohmilch- und Hartkäse weiterverarbeitet werden kann.

So einen Heumilch-Hartkäse lässt man lange Zeit, am besten ein Jahr lang, reifen. Denn ein außerordentlicher Käse benötigt eine bestimmte Reifezeit, um seine Eigenart zu entwickeln. Einen Käse zur Reife, zur Entfaltung zu bringen, ist die „hohe Kunst" des Käsens. Eine längere Reifezeit ist nämlich immer auch mit Risiken verbunden.

Nachteile der Silagemilch

Als Gegenpol zur raren Heumilch gibt es die Silagemilch.

Gute Käser bezeichnen sie als Blähmilch, da sie mit Bakterien, wie zum Beispiel Clostridien (Buttersäurebakterien), kontaminiert ist, die bei langer Reifezeit zu Blähungen, Fehlgärungen und Rissen führen können. Um diese Risiken niedrig zu halten, wird Silagemilch durch eine Baktofuge gehetzt. Diese soll die die Käsequalität negativ beeinflussenden Bakterien aussondern. Aber jede Behandlung der Rohmilch – schnelles Abkühlen, Erhitzen, Pumpen oder das Wirken von Scherkräften – minimiert die Geschmacks- und Aromaqualität der Milch.

Mit hochgezüchteten Kulturen wird heute der Käse meist schnell zur Reife genötigt, um all den käsereitechnischen Risiken und der nötigen kostenaufwendigen Reifezeit aus dem Weg zu gehen. Probieren Sie es mit einer Blindverkostung, und der Vergleich wird Sie sicher machen. Auch bei Käse gilt: Käse ist nicht gleich Käse.

Käse aus Handwerk und Industrie

Nebst dem Rohstoff Milch ist das Wichtigste für einen gelungenen Käse das handwerkliche Geschick des Produzenten. Um eine

Stradivari herzustellen, benötigt es das richtige Holz, die richtige Lagerung, das außerordentliche handwerkliche Können und manche meinen, den besonderen Lack. Wie Sie sehen werden, ist es beim Käse nicht viel anders.

Über das Besondere der Milch sprachen wir schon. Käse ist das regionale Produkt par excellence. Die Milch muss aus der unmittelbaren Umgebung der Käserei kommen. Am besten wird sie morgens und abends gleich nach dem Melken, also noch euterwarm, in die Käserei geliefert und verarbeitet. Denn durch die Kühlung der Milch in den Milchaufbewahrungskühlgeräten geht zum einen das feine Aroma der frischen Milch verloren und kommt es zum anderen zur Schädigung der Milchstruktur und zur Veränderung des Eiweißes.

Die in der industrialisierten Käseverarbeitung gängige Behandlung der Milch stresst sie und führt zu irreversiblen Veränderungen. Bei einer solcherart bearbeiteten Milch stellt sich Ihr wahres Genussglück nicht ein. Es liegt daher auf der Hand, dass handwerkliche Erzeugnisse und industriell Gefertigtes zu einem anderen Ergebnis führen. Wobei bei einem industriell gefertigten Käse die Wahrscheinlichkeit hoch ist, dass er immer gleich schmeckt, wohingegen der handwerklich geschaffene Käse immer für eine Überraschung gut ist.

Käseverarbeitung als Handwerkskunst

Aber kommen wir zum Handwerk zurück: Es ist eine Sache der Hände. Die Hände gehören einem Menschen persönlich, das heißt, das Handwerk ist einem Menschen zugehörig. Handwerk ist nie eine abstrakte Kunst, sie ist immer eine auf einen konkreten Menschen bezogene. Dabei spielen seine Erfahrungen, die Tradition, in der er geschult wurde, die Obsession, mit der er das Handwerk betreibt, die Fähigkeit, seine Intuitionen auszubilden und ihnen zu vertrauen, die Bereitschaft, das Geschaffene und das Gewohnte in Frage zu stellen, eine maßgebliche Rolle. Ein so betriebenes Handwerk führt zur Handwerkskunst. In unserem Fall zur Käsekunst.

Vom Anarchischen zum Steuerbaren

Die unterschiedlichen Käse haben ihren Ursprung unter anderem in den mikroskopisch kleinen Rohmilchkeimen, die zur Spontansäuerung führen. Es gibt weltweit um die 6000 verschiedenen Käsesorten. Jede Region hat ihren eigenen oder gar mehrere typische Käse. So ist die ursprüngliche Käsevielfalt Ausdruck des anarchischen, nur mäßig kontrollierbaren Ablaufs in der Käsekammer. Um die überraschenden, die erstaunlichen Ergebnisse in ein steuerbares Verhältnis zu bringen, hat man für die Mikroorganismen, die Käsekulturen, die zur erwünschten Käsequalität führen, den optimalen Lebensraum geschaffen. Heute wird nur noch selten mit Spontansäuerung gearbeitet. Es werden Kulturen eingesetzt, die das Charakteristische des erwünschten Käses herausarbeiten und das Käsen steuerbar machen. Auch dabei wird oft nichts anderes als die Nivellierung der Käsekultur betrieben. Das Außergewöhnliche ist ja nicht auf Knopfdruck wiederholbar. Das Außergewöhnliche ist an einen kreativen Schöpfungsakt gebunden.

Handwerkszeug Kupferkessel

Neben der optimalen Milch, dem handwerklichen Vermögen, den Kulturen und dem richtigen Umgang mit der Milch gehört noch ein Kupferkessel. Viele ursprungsgeschützte Käsesorten schreiben in ihren Pflichtenheften den Einsatz von Kupferkesseln vor. Kupfer besitzt die Eigenschaft, freie Eisen-Ionen zu binden. Freie Eisen-Ionen beeinflussen den Stoffwechselprozess von bestimmten Mikroorganismen in einer Weise, die sich negativ auf die Käsequalität auswirkt. In Kupferkesseln produzierter Käse weist im Gegensatz zu in Stahlkesseln erzeugtem Käse geringere Käsefehler – wie einen unreinen, beißenden Geschmack oder Blähungen – auf.

Mit der Industrialisierung der Lebensmittelherstellungsprozesse wurde selbstverständlich auch der Kupferkessel, in dem die sogenannte Kesselmilch dick gelegt wurde, ausrangiert. Moderne, leicht zu pflegende Stahlkessel mussten es sein. Doch der Traum vom Fortschritt war bald ausgeträumt und die alten Kupferkessel kommen mancherorts wieder in die Sennereien.

Die Kunst der Affinage

Käsereifen ist die große Kunst des Vollendens. Letztendlich hängt das Gelingen des Käses auch vom Vermögen und der Erfahrung des Affineurs ab. Affineure sind Spezialisten in der Veredelung und Vollendung von Käse. Sie wählen in der Regel handverlesene Käse von kleinen Produzenten aus, die sie für wert befinden, zu reifen und zu veredeln. Ich kannte einen leider viel zu früh verstorbenen Affineur in Bayern. Was er aus den Käsen zaubern konnte, war unvorstellbar. Bei ihm habe ich gelernt, dass die Käse beim Pflegen und Reifen noch ein großes und überraschendes Potenzial haben. In der Regel wird dieses liegen gelassen, aber Affineure verfügen über ein Know-how, das sehr oft den Käse erst zum Käse macht. Die Reifung von Käse ist der Schlüssel zu einem außerordentlichen Käse.

Ein in seiner Anlage guter Käse kann bei einem Reifekünstler zum Käseerlebnis werden. Beim Reifen ist auf optimale Räume, konstante Temperatur und Luftfeuchtigkeit zu achten. Käse auf Tannen- oder Fichtenholzbrettern gereift, nehmen natürlich auch diese Aromen auf, aber diese Bretter wirken außerdem antibakteriell. Die Hygiene im Käseraum ist das Um und Auf. Hygieneprobleme können die reifenden Käse binnen kürzester Zeit vernichten. Käse zu reifen ist arbeitsaufwendig und risikoreich, bindet sehr viel Geld, da der wertvolle Käse oft sehr lange im Reifelager gelagert wird, verlangt nach Fingerspitzengefühl und viel, viel Erfahrung.

Ingredienzien für den ultimativen Käse

Sie sehen, ein außerordentlicher Käse bedarf einer außerordentlichen, euterwarmen und ungequälten Milch von den richtigen Kühen – oder glauben Sie, dass von ausschließlich schwarzbunten Kühen, einer Hochleistungsrasse, ein besonderer Bergkäse erzeugt werden kann? Die Milch von Montafoner Kühen, Pinzgauern oder Grauvieh wäre die ideale Voraussetzung. Einen Senner oder eine Sennerin mit Herz und Erfahrung und der nötigen Leidenschaft, dem richtigen Werkzeug (Kupferkessel), der optimalen Kultur, dem für den Käse besten Reiferaum und viel Zeit und viel Pflege – das sind die idealen Ingredienzien für einen ultimativen, Ihr Herz erfreuenden Käse.

Käse aus dem Bregenzerwald

Verzeihen Sie mir, aber es muss gesagt werden: Ohne das alemannische Geschick wäre es um den Rohmilch-Hartkäse schlecht bestellt. Wir Liebhaber des Besonderen wären für alle Zeit im Käsepurgatorium. Ein Elend rund um uns. Wenn ich von den Höhen des Geschmacksglücks spreche, haben in der Hauptsache alemannische Hartkäse Bestand.

Die Bregenzerwälder sind selbstverständlich der Ansicht, dass eines der Geheimnisse ihrer außerordentlichen Käsekultur die besondere Bregenzerwälder Rohmilch sei. Ich denke, da spielen allerdings mehrere Faktoren zusammen:

1. Natürlich die Rohmilchqualität.
2. Die ortsgebundene Futterqualität und Silagefreiheit.
3. Die frische Milch bei der Verarbeitung durch klein strukturierte, dezentrale Verarbeitungsbetriebe.
4. Das traditionell bewährte Verfahren bei der Käseerzeugung.
5. Das handwerkliche Vermögen.
6. Die Leidenschaft und der Ehrgeiz der Senner und Käser. In einer kleinen geschlossenen Region gibt es viele kleine Sennereien, das stachelt den Ehrgeiz der Senner an, jeder will den besten Käse produzieren.
7. Die Erfahrung und das Wissen um die besten Käsekulturen.
8. Hoch entwickeltes Know-how, der nötige Mut und die nötige Erfahrung beim Reifen der Käse.

Die Herstellung des Bregenzerwälder Bergkäses

Voraussetzung für die Herstellung von Bregenzerwälder Bergkäse ist eine frische, silofrei erzeugte Rohmilch. Je nach technischer Ausstattung des Verarbeiterbetriebs variiert das Herstellungsverfahren leicht zwischen den einzelnen Sennereien. Grundsätzlich wird die weiterzuverarbeitende Milch zwei Mal täglich an die Sennereien angeliefert.

Die Abendmilch wird in sogenannten Reifungswannen für die weitere Verkäsung am nächsten Tag vorbereitet – sie wird unter Einwirkung von Milchsäurebakterien „gereift". Dabei wird in erster Linie Milchzucker durch die Bakterientätigkeit abgebaut. Die entstehende Milchsäure hilft bei der Unterdrückung unerwünschter, käsereischädlicher Keime, der Geruchs- und Geschmacksbildung und spielt auch bei der späteren Dicklegung eine Rolle. Auf den Alpsennereien wird die Milch in „Gebsen" (flache, runde, hölzerne Gefäße – Bregenzerwälder Ausdruck) vorgereift. Holz mit seiner geringen Wärmeleitfähigkeit hält dabei die Milch während der Vorreifung auf einer optimalen Temperatur für die Entwicklung der Milchsäurebakterien und dient auch deren Ansiedelung.

Die große Oberfläche der „Gebsen" ermöglicht weiters ein Aufrahmen der Milch über Nacht für die spätere Fettgehaltseinstellung der Kesselmilch. Durch Abschöpfen der Rahmschicht und einer Vermischung mit der Morgenmilch erfolgt die Fettgehaltseinstellung der Kesselmilch auf etwa 3,5 Prozent.

Die Kesselmilch wird durch die Zugabe von milchgerinnenden Enzymen dickgelegt. Unter Dicklegen versteht man dabei die Ausfällung des Milchproteins Kasein (enzymatisch oder durch Absenken des pH-Werts). Traditionellerweise wird bei Labkäsen wie dem Bergkäse Chymosin als milchgerinnendes Enzym eingesetzt. Es kommt in den Mägen von Säugetieren vor und ist dort für die Verdauung der Milch notwendig. Das sogenannte Labferment wird aus den Labmägen von Kälbern gewonnen, mittlerweile werden jedoch auch Enzyme verwendet, die durch kultivierte Mikroorganismen erzeugt werden. Weiters werden der Kesselmilch verschiedene Bakterienkulturen zugeführt. Diese sind vor allem für die spätere Geruchs- und Geschmacksbildung während der Käsereifung mitentscheidend.

Nach alter Methode wird das Lab folgendermaßen hergestellt: Die benötigte Menge an Kälbermagen wird in Streifen geschnitten, in unterschiedlich vorbehandelter Molke (je nach Rezept des Käsemeisters) eingeweicht und über 24 Stunden bebrütet. Das Labferment löst sich aus dem Kälbermagen und geht in die Flüssigkeit über, durch die Bebrütung entwickeln sich die benötigten Milchsäurebakterienkulturen. Das verwendete Lab enthält so neben den Enzymen des Kälbermagens auch Bakterienstämme.

Die Zugabe des Labs erfolgt beim Bergkäse bei einer Temperatur von etwa 32 Grad Celsius. Die Labmenge wird dabei so bemessen, dass die Milch nach 30 bis 40 Minuten dickgelegt ist.

Durch das Bruchschneiden erfolgt die Abtrennung der Molke (Synärese) von der festen Käsemasse. Die Größe der Bruchstücke ist mitentscheidend für die Textur des späteren Käseteigs. So wird der Bruch für Bergkäse, der einen festen Teig aufweisen soll, relativ klein (fünf bis drei Millimeter) geschnitten. Das Bruchschneiden erfolgt mittels einer Käseharfe von Hand oder maschinell. Um ein weiteres Abscheiden der Molke vom Bruch zu unterstützen, wird der Kesselinhalt nun für etwa 30 bis 40 Minuten gerührt. Dieser Vorgang wird auch als „Vorkäsen“ bezeichnet.

Unter Brennen wird die Erwärmung des Kesselinhalts nach dem Vorkäsen verstanden. Durch die erhöhte Temperatur ziehen sich die Bruchkörner zusammen und weitere Molke wird abgeschieden. Am Ende des Brennvorgangs sollen die Bruchkörner eine Größe von drei bis einen Millimeter aufweisen. Das Brennen beim Bergkäse erfolgt durch eine langsame Temperaturerhöhung des Kesselinhalts auf 48 bis 52 Grad Celsius innerhalb von etwa 30 Minuten, anschließend wird der Kesselinhalt zur weiteren Molkeabscheidung und zur Bruchverfestigung nochmals für 30 Minuten „ausgerührt“.

Bei der im Bregenzerwald üblichen Fertigung in Kupferkesseln wird die Käsemasse mit einem Tuch ausgehoben (moderne Anlagen pumpen das Bruch-Molkengemisch von der Bruchbereitungsanlage in die Käseformen) und in einen Holz- oder Kunststoffreifen gepresst. Der Pressdruck wird langsam auf bis zu 0,55 bar erhöht und erfolgt unter mehrmaligem Wenden der Laibe über die nächsten acht bis zehn Stunden. Durch das Pressen wird die restliche Molke von der Käsemasse abgeschieden, der Käse geformt und eine glatte, gleichmäßig geschlossene Rindenstruktur ermöglicht.

Nach dem Pressen wird der Käse je nach Größe zwei bis drei Tage in ein Salzbad eingelegt. Der Käse gelangt nach dem Abtropfen in den Reifekeller, wo er für die nächsten drei Monate bei einer Temperatur von 12 bis 14 Grad Celsius und einer Luftfeuchtigkeit von bis zu 95 Prozent gereift wird. Fichtenholzbretter als Regale unterstützen den Charakter des Käses und sind für den Austausch der Flüssigkeit ideal. Sie stabilisieren das Kellerklima und fördern eine optimale Rindenbildung. Zu Beginn des Reifeprozesses werden die Käselaibe alle zwei Tage mit Salz abgerieben und gewendet, um die Rotschmierekultur an der Rindenoberfläche auszubilden. Mit fortschreitender Reifezeit wird das Schmieren und Wenden der Käse auf einmal wöchentlich reduziert. Nach drei Monaten ist der Bergkäse genussreif, wird jedoch meist zur stärkeren Aromabildung bei reduzierten Kellertemperaturen bis zu zwei Jahre lang weitergereift.

Der Geschmack des Bregenzerwälder Bergkäses

Optimal sind die Bergkäse ab einem Jahr Reife. Doch in diesem Alter sind Käse, die sich nicht optimal entwickelt haben oder bei deren Produktion Fehler gemacht wurden, oft von unangenehm salzigem, scharfem, ja sogar bitterem Geschmack. Das sind verdorbene Käse und kommen dessen ungeachtet in den Handel. Fehlgeschmäcke werden einem dann mit folkloristischer Anmutung als typischer Bergkäse angeboten. Lassen Sie sich nichts vormachen, vergleichen und probieren Sie selbst!

Wie kommen Sie zum Bregenzerwälder Bergkäse?

Sennerei Lingenau

Es gibt einige Sennereien, die einen hochwertigen Bergkäse produzieren. Empfehlen möchte ich die Sennerei Lingenau und die Sennerei Egg-Hof.

Die Sennerei Lingenau ist eine der größten Sennereien des Bregenzerwaldes und ein Beispiel dafür, dass auch größere Betriebe, wenn sie einen sehr guten Senner haben, tollen Käse herstellen können. Der Bergkäse aus Lingenau hat einen geschmeidigen Teig, einen milden, harmonischen Geschmack und je älter er ist, umso stärker entwickelt er ein breites Aromaspektrum.

Käslädele Maria Vögel

Schon im 17. Jahrhundert exportierten die Käsehändler der Region ihre Bergkäse in alle Teile Europas. Der kleine Ort Schwarzenberg etablierte sich damals als das Handelszentrum. Geheimtipp für viele Käseliebhaber ist das winzige Käslädele von Maria Vögel im Ort Schwarzenberg, die einige der besten Käsesorten der Region vertreibt. Hier finden Sie neben Bergkäse verschiedener Hersteller auch Sennerei-Butter, Köstlichkeiten aus Ziegenmilch und vieles mehr!

Kaes.at

Herr Gruber ist ein Käse-Obsessionist mit dem Ehrgeiz, die Menschen mit dem besten Käse zu versorgen. Wann immer Sie Sehnsucht haben nach einem besonderen Käse, gehen Sie auf diese Homepage (www.kaes.at) und lassen Sie sich von Herrn Gruber und seinen mit Erfahrung ausgewählten Käsesorten verwöhnen. Enttäuschung ausgeschlossen!

Alpkäse von der Alpe Schönebach

Zu den kulinarischen Kostbarkeiten gehören die Bregenzerwälder Alpkäse, die ausschließlich auf den Alpen im Sommer handgeschöpft erzeugt werden. Über 90 Sennalpen gibt es noch im Bregenzerwald. Unterschiedliche Gräser und Kräuter auf den verschiedenen Alpgebieten formen die geschmacklichen Nuancen der Alpkäse. In der Region gibt es die Mär, dass man eine Kuh mit einem Hut voll Kräuter pro Tag ernähren könne, so gehaltvoll und nährstoffreich seien die Bergkräuter. Doch eines ist jedenfalls unbestritten: Die vielen Bergkräuter im Futter machen die Milch aromatischer.

Viele Käsefreunde sind der Ansicht, dass die fein nuancierten Geschmacksunterschiede nur noch bei den Alpkäsen des Bregenzerwaldes zu erleben sind, wenn man die Alpkäse unterschiedlicher Alpsennereien miteinander verkostet. Während der klassische Bergkäse in den Talsennereien des Bregenzerwaldes mit Rohmilch aus silagefreier Fütterung erzeugt wird, wird Alpkäse ausschließlich direkt auf der Alm mit der dort gewonnenen Milch hergestellt.

Das Herstellungsverfahren ist grundsätzlich gleich. Die Lagerung und Reifung der Käse erfolgt auf Fichtenholzbrettern.

Eine Besonderheit im Bregenzerwald stellt die Alpe Schönebach dar. Hier zieht ein ganzes Dorf namens Bezau auf die Alm, mitsamt Kirche, Gasthof und Sägewerk. Die Milch der Kühe, die den Sommer auf Gemeinschaftsweiden genießen, wird täglich frisch verarbeitet. Vermarktet wird der Käse fast ausschließlich direkt über die Sommermonate im Sennereilädele, hier ist auch der Käse des Vorjahres erhältlich. Über zwölf Monate gereift, eine Spezialität.

Bregenzerwälder Bachensteiner

Die kleine Bergsennerei Sibratsgfäll im vorderen Bregenzerwald in Vorarlberg, der 30 Landwirte die Milch liefern, ist für ihre Spezialitäten bekannt. Ein besonderer Genuss ist der Bregenzerwälder Bachensteiner mit typischer Rotschmiere – ein pikant würziger, sehr aromatischer Weichkäse in typischer Stangenform. Der hellgelbe bis cremefarbene Teig ist weich und nach drei bis vier Wochen Reifung manchmal sogar streichfähig.

Camembert und Brie von der Kleinkäserei Edwin Berchtold

Aus Schwarzenberg im Bregenzerwald kommen hervorragende, alle Gaumenfreuden erfüllende Weichkäse. Der Camembert und der Brie haben beide in der optimalen Reife einen feinen Geschmack, beim Camembert kommt ein leichter Duft von Champignons durch, mild und zart. Der Camembert in der sehr reifen Form ist würziger im Geschmack. Der Brie, ein ausgewogener, gelungener Käse mit einem wunderbaren Aroma.

Münster von der Kleinkäserei Edwin Berchtold

Seit dem Listerien-Skandal in den 1980er-Jahren, bei dem es wegen eines Bakteriums namens Listeria monocytogenes, das auch in Rohmilchkäsen gefunden wurde, zu zahlreichen Vorfällen kam, bin ich auf der Suche nach einem gelungenen Münster. Der Enttäuschungen waren viele! Beim Münster von Herrn Berchtold waren immer wieder welche dabei, die mich an die entschwunden geglaubten Qualitäten erinnerten. Vom Geschmack her würzig, cremig, mit einem breiten Aroma, leicht ins Deftige gehend.

Sura Kees aus Vorarlberg

Eine weitere alemannische Besonderheit ist der Sauerkäse, der sogenannte „Sura Kees". Mäßig genossen wird man so langsam, aber sicher zum Freund, ja sogar zum Liebhaber dieses Käses. Wichtig ist, dass Sie Ihre Familie, Ihre Freunde von diesem Käse überzeugen können, ansonsten droht Ihre soziale Vereinsamung. Ihn unter Freunden allein zu genießen sondert den Liebhaber des Sura Kees aus jeder Gemeinschaft von Sura-Kees-Verweigerern aus. Denn die ausgeprägten Aromen sind für die nicht am Genuss Teilhabenden nur schwer erträglich.

Käse aus der Schweiz und aus Frankreich

Vacherin Mont d'Or – ein Abgesang auf einen für immer verlorenen Genuss

Mitte der 1980er-Jahre, als der Listerien-Skandal wütete und am Vacherin angeblich Menschen zugrunde gingen, wurde das Ende eines Käses eingeläutet, der mich immer wieder mitten im Sommer auf den Winter freuen ließ.

Den Vacherin gab es nur von Ende Oktober bis Februar. Den Vacherin nicht in der kleinen Holzspanschachtel, sondern in der großen Torte, weich in Tannenrinde gereift und eingewickelt, der Mont Everest der Rohmilchkäse. Mit einer rosa-braunen, aufgeworfenen, schrumpeligen, pelzigen Rinde und darunter ein weicher, fast fließender Käse. Der Vacherin verfügte in reifem Zustand über ein Potpourri von unterschiedlichen Aromen. Aromen, die einen betörten und verzauberten. Einerseits kam die einzigartige Rohmilch der Region zutage, andererseits wieder ein Duft, als betrete man einen bemoosten Wald, in dem gerade ein warmer Sommerregen niederging. Die Winterabende mit dem originalen Vacherin wurden zu Freudenabenden.

Der Vacherin konnte mit der Rinde, die ein bisschen bitter war, oder ohne Rinde gegessen werden. Mir persönlich war die Rinde nicht so angenehm, sie beeinträchtigte die außerordentliche Geschmacksfülle des cremigen Käseteigs. 1987/88 brach mit der Listerien-Katastrophe die Vacherin-Produktion fast ein. Später gingen die Käser im schweizerischen Jura dazu über, die Milch zu thermisieren, das heißt, so auf zirka 55 bis 60 Grad Celsius zu erwärmen. Damit leiteten sie eine neue Ära des Vacherin Mont d'Or ein. Im schweizerischen Jura, in dem die Winter noch wirklich Winter sind, ging eine Käsekultur für immer verloren.

Dem heutigen Vacherin ist das Besondere, Unverwechselbare verloren gegangen. Er ist nun ein braver, bürgerlicher, solider Vacherin-Abklatsch. Niemals kämen Sie im Sommer auf die Idee, vom Vacherin zu träumen, hinterlässt er doch weder Erinnerungen, noch vermag er Ihre Sehnsucht zu entfachen.

Im französischen Jura wird der Mont d'Or zwar noch mit Rohmilch produziert, meist aber industriell hergestellt. Die besondere Note der kleinen schweizerischen Vacherin-Mont-d'Or-Hersteller, die ihre eigenen Käsekulturen hatten, erreichen diese französischen Käse bei Weitem nicht mehr.

Tomme de Savoie

Eine Käsemanufaktur, deren Arbeit ich seit Jahrzehnten bewundere und deren Käse ich leidenschaftlich zugetan bin, ist Schmidhauser aus Savoyen in Frankreich, der höchstgelegenen Landschaft Europas. Gelegen an der italienisch-schweizerischen

Grenze, macht sie vollendeten Rohmilchkäse, wie zum Beispiel den Tomme de Savoie.

Gerade bei vollendetem Käse ist der menschliche Faktor, das Geschick des Käsers, sein Know-how, das Schöpfen-Können aus einer bewährten Tradition, das Wertbestimmende die Voraussetzung, um einen unvergleichlichen Käse hervorzubringen. Von Schmidhauser werden nicht nur authentische, sondern Käse von unverwechselbarer Qualität und von außerordentlichem Geschmack geschaffen. Ein Käse von Schmidhauser ist immer ein Naturereignis, ein vollendeter Genuss.

Käse aus Italien

Parmigiano-Reggiano

Ein Hartkäse, der nicht aus dem Alemannischen kommt und uns nichtsdestotrotz von Zeit zu Zeit eine Freude sein kann. Es gab Zeiten, in denen sich der Preis eines reifen Parmigiano-Reggiano durchaus mit dem von Silber messen konnte – und das nicht zu Unrecht. Der Parmigiano-Reggiano ist ein außerordentlicher Käse, der früher ausschließlich aus der Milch der Rinderrasse „Vacca Rossa Reggiano“ gemacht wurde. Die Milch dieser kräftigen, rötlichen Kühe galt als besonders aromatisch und gab dem Parmigiano-Reggiano seinen unverwechselbaren Charakter.

Heute wird das, was als Parmesan verkauft wird, sehr oft in Deutschland, Österreich und Holland produziert, die jungen Käse werden dann nach Italien transportiert und von Affineuren gereift. Oder weltweit gehandelte Milch wird zugekauft, die Vorproduktion in halb Europa ausgelagert und nur noch die Endreife in der Region vorgenommen: All das wird unter „Parmesankäse“ veräußert. Der Begriff Käseimitat passt auf keinen Käse so gut wie auf die meisten unter dem Namen Parmesan Feilgebotenen. So ist auch dieser außergewöhnliche Käse zur Massenware geworden, nivelliert im Geschmack, dürftig in den Aromen, des Charakteristischen entkleidet. Mit einem Wort, ein Allerweltsprodukt.

Aber noch ist der original Parmigiano-Reggiano nicht verschwunden und es gibt Initiativen, ihn wieder mit der unvergleichlichen Milch der roten Reggiano-Kuh herzustellen. Die Kühe müssen selbstverständlich mit silofreier Milch gefüttert werden. Zwischen zwei und längstens vier Stunden nach dem Melken, also wenn die Milch noch warm von der Kuh ist, muss sie zum original Parmigiano-Reggiano verarbeitet werden – selbstverständlich im Kupferkessel. Dann wird er in Zylinderformen gegossen, die „fascera" genannt werden. In diesen bekommt er die typische Form. Etwa 20 bis 25 Tage liegt der Käse dann in der Salzlake, bevor er in die Reifekammer kommt. Manche lassen den Käse nach dem Salzbad noch kurz an der Sonne abtrocknen, bevor sie ihn in die Reiferäume geben.

Ein junger Parmigiano-Reggiano wird mindestens zwölf Monate gereift und gepflegt. Ausgereift ist er aber erst nach etwa 24 Monaten. Er wird, wie viele Käsespezialitäten, auf Holzbrettern gereift.

Den original Parmigiano-Reggiano erkennen Sie:

1. An seiner Zylinderform.
2. An seinem Mindestgewicht von 30 Kilogramm.
3. An seiner goldfarbenen Rinde.
4. An der sonnig strohfarbenen Teigfarbe.
5. An seinem unvergleichlichen, typischen Duft, der sehr delikat ist, leicht würzig, aber niemals scharf oder gar beißend in der Nase sein darf.
6. An dem leicht grießigen Teig, der beim Brechen in kleine Stückchen zerfällt.

Tipp: Einkauf Parmigiano-Reggiano

Kaufen Sie keinen in Plastik verpackten vorgeschnittenen Parmigiano-Reggiano, lassen Sie ihn vor Ihren Augen vom Original-

Laib brechen, dann steht der Freude und dem Glück eines wunderbaren Käsegenusses nichts mehr im Weg.

Trüffelkäse von Peck

Es gibt von Peck aus Milano einen Weichkäse, eine Mischung aus Brie, Taleggio und Mascarpone, mit den wunderbarsten Piemonttrüffeln eingelegt. Vor diesem Käse muss ich Sie eindringlich warnen. Ich möchte ihn gar nicht näher beschreiben, sondern mein Augenmerk auf die Folgen des Genusses richten.

Dieser Käse kann Sie und Ihre ganze Familie, auch wenn Sie bis dato lauter Käseverweigerer waren, süchtig machen. Und wegen seines Preises, wenn Sie ihm nicht widerstehen, kann sein Genuss Ihren finanziellen Ruin nach sich ziehen. Leider erlahmt von Zeit zu Zeit meine Widerstandskraft. Und ich muss Ihnen sagen, dieser Käse verträgt nichts neben sich, keine anderen Käse, Brot nur pro forma – man tue halt so, als äße man Brot dazu – in Wirklichkeit verlangt er, mit dem Löffel gegessen, in Wonne genossen zu werden. Früher gab es ihn nur zwischen Herbst und Weihnachten, dann verschwand er wieder für ein ganzes Jahr. Leider wird er heute ganzjährig angeboten. Widerstehen wenigstens Sie!

Im Vertrauen, der Trüffelkäse von Oktober bis Dezember, also in der Zeit, wenn die Trüffeln frisch sind, ist eindeutig die geschmackliche Hochzeit dieses Käses.

2. Käse aus Ziegenmilch

Ganz anders als beim Kuhmilchkäse gibt es eine äußerst aktive und qualitativ hochstehende regionale Ziegen- und Schafkäseproduktion in Österreich. Eine wirkliche Genusswelt erschließt sich uns bei diesem Käse.

Besonderheiten der Ziegenmilch

Dieser Milch werden ja von alters her viele Gesundheitsversprechen zugeordnet und eine Menge Studien untermauern die gesundheitsbezogenen Besonderheiten der Ziegenmilch. Zu unserer Urgroßelternzeit hat man versucht, Lungenkranke mit Ziegenmilch zu heilen. Über die Erfolge kann ich leider nichts sagen. Es wird auch behauptet, Ziegenmilch sei ein Jungbrunnen, sie verjünge uns. Bei übermäßigem Stress könne Ziegenmilch die Folgen lindern und sie sei ein probates Mittel gegen Neurodermitis oder Asthma. Ziegenmilch sei auch ein Krebs-Prophylaktikum, denn Ziegen erkrankten nie an Krebs. Unterhält man sich mit Ziegenhaltern, können sie einem stundenlang von allen Vorzügen, auch den medizinischen, der Milch erzählen. Wie dem auch sei, ich kenne kein Lebensmittel, dem so viele naturmedizinische Eigenschaften anhaften.

Von Ziegen und ihren Haltern

Aber wovon ich authentisch erzählen kann, ist, dass sich Ziegen beziehungsweise der Charakter, die Eigenart der Ziegen unweigerlich bei allen Ziegenhaltern niederschlägt. Ziegen sind für jeden Halter eine große Herausforderung, jede einzelne ist ein Individuum mit ausgeprägten Eigenarten. Hat ein Ziegenhalter nicht die richtige Hand oder Gemütsverfassung, werden sie schnell aufsässig und bockig. Ziegen haben ihre Futtervorlieben, ein junger Strauch mit frisch ausgetriebenen Blättern wirkt auf sie magnetisch. Der eigentliche Futterhöhepunkt für die Ziegen sind scheinbar Rosensträucher. Viele Ziegenhalter haben darüber schon bittere Tränen geweint.

Träfe man eine Schar Kuhbauern, Schafbauern und Ziegenbauern, könnte jeder Unbedarfte die Menschen ihren Tieren zuordnen. Ziegenhalter sind ausgeprägte Individuen, ein bisschen stur, ihren eigenen Weg gehend, eine Mischung von Außerordentlichem und einer Spur Enge. Mit einem Ziegenbauern sollte man sich besser nicht anlegen. So individuell die Ziegenbauern sind, so unterschiedlich sind ihre Käse. Bei jedem ist der Charakter des Produzenten qualitätsbestimmend. Beim Ziegenkäse interessieren mich vor allem die unterschiedlichen Reifegrade, beginnend beim Frischkäse über den reifen Weichkäse bis zum Hartkäse.

Ziegenhalter und ihre Käse

Markus Schörpf

Markus Schörpf aus dem Waldviertel, ein erfahrener, langjähriger Ziegenhalter und Ziegenkäseproduzent, macht nicht nur einen vollkommenen Ziegenweichkäse, der dem Robiola durchaus das Wasser reichen kann, er produziert auch einen Ziegenhartkäse von hervorragender Qualität. Markus Schörpf ist ein Minimalist, ein auf das Wesentliche bezogener Handwerker. Seinem Käse haftet nichts Auftrumpfendes an, seine Produkte sind saubere, reine, vollendete Ziegenkäse. Jedes Mal, wenn ich seinen Käse genieße, beneide ich ihn um seine Sorgfalt, seine Klarheit. Seine Käsesorten sind immer ein Statement. In ihnen lehrt er uns die Größe und Vollendung des Einfachen.

Produkte

- Ziegenweichkäse, Ziegenhartkäse

Gunther Naynar

Der Lungau in Salzburg, eine der letzten intakten Naturoasen, ist auf über 1000 Meter gelegen. Das weite Hochgebirgsplateau ist von beeindruckender Schönheit. Immer, wenn ich aus der Steiermark kommend in den Lungau fahre, verschlägt es mir von Neuem die Sprache, dass es so etwas noch gibt! Der Fremdenverkehr hat ihn weitgehend übersehen, doch wenn Sie sich nach Ruhe, Schönheit, unzerstörter Natur sehnen, gibt es keine Alternative zum Lungau. Der Lungau, eine wahre Perle.

In dieser Höhe fertigt Gunther Naynar seit einem Vierteljahrhundert seinen eigenwilligen Ziegenkäse. Herr Naynar – ein Leuchtturm im Lungau – geht unbeirrt seinen Weg. Er ist eine Trutzburg des Glaubens, dass nur der bäuerliche Familienbetrieb die Qualitätssouveränität der Lebensmittel zukünftig gewährleisten kann. Seine Ziegenkäsevariationen – jede einzelne ein Gedicht. Ein Versprechen, wenn Sie sie erblicken, ein erfüllter Traum, wenn Sie sie genießen.

Produkte

- Ziegenweichkäse mit Weißschimmel: Ein eigenständiger Käse mit einem feinen Aroma und einem cremigen Weichkäsecharakter.
- Pyramide mit Wacholdernadeln und Pyramide mit Lärchenholzasche: Pyramidenkäse leben so oft von der Form, im Teig sind sie langweilig und man kann ihrer leicht entbehren. Doch nicht so Naynars. Sowohl die Teigführung als auch die Zutaten Wacholder und Lärchenholzasche geben den Käsen eine überraschende Note und sie sind beide ein Glücksversprechen.
- Weichkäse in Meisterwurzblättern: Hier mischt sich der Charakter der Ziegenmilch, das Aroma des weichen Käses mit dem der Blätter und geht eine überraschende Harmonie ein, ohne den besonderen Charakter zu verlieren.

Zrills feine Ziegenzucht

Herr Voggenberger, ein Haudegen der Ziegenkäseerzeugung aus Braunau in Oberösterreich. Er ist der Ziegenkäseerzeuger, der die französische Schule beim Käsen hochhält. Der Name Zrill geht auf den Hofnamen zurück. Angefeuert von einer inneren Begeisterung, fertigt Herr Voggenberger Käse voller Überraschungen. Keine Woche ist der Käse wie der in der Woche davor, aber stets ist er außergewöhnlich. Seine Käsesorten haben mir schon oft den höchsten Genuss verschafft. Jede einzelne besitzt eine ausgeprägte Individualität.

Produkte
Möchten Sie die Zrill-Käse zum Frühstück genießen, verlangt das von Ihnen Muße und Bereitschaft, einem ausgeprägten Charakter schon in der Früh zu begegnen.

- Geaschte Pyramide: Probieren Sie! Die Pyramide muss den richtigen Reifegrad haben. Hat sie die optimale Reife, sind seine Pyramiden ein Gedicht!
- Weißschimmelkäse: Herr Voggenberger bietet immer Käse mit unterschiedlichen Reifestufen an, finden Sie für sich den richtigen Grad. Seine Schimmelkäse sind cremig, meist kräftig würzig mit einem ausgeprägten Aroma.
- Der gerollte Ziegenkäse: Dieser Käse ist oft ein wenig jünger, daher etwas milder. Aber auch dieser Käse hat einen seiner Art entsprechenden Charakter.

Käserei Lerchenmüller

Josef Lerchenmüller aus Wasserburg am Inn in Deutschland ist auch so eine Persönlichkeit. Ein Qualitätsfanatiker von der Milch über die Produktion, die Reifung bis zum Endprodukt. Seine Käsearten bereiten einem nur Freude und sind in ihrer stets hohen Qualität von bewundernswerter Beständigkeit. Meinen Tag beginne ich so oft wie möglich mit dem Ziegenmilch-Busana, natur oder gewürzt. Immer ein guter Tagesanfang.

Produkte

- Busana: Den Tag mit einem Ziegenmilch-Busana zu beginnen, heißt, sich schon beim Frühstück im siebten Himmel zu befinden. Der Busana ist ein milder, cremiger, vollmundiger und trotz seiner Jugend charaktervoller Käse. Unverwechselbar, ein bei jeder Blindverkostung eindeutig zu bestimmender Lerchenmüller Frischkäse. Er trägt einen so wunderbar in den Tag hinein.

Tipp: Jeder Käse hat seine Zeit

Übrigens: Jeder Ziegenkäse hat seine besondere Genusszeit. Hartkäse können Sie rund um die Uhr essen, vorausgesetzt, Sie sind stark genug, um einem außerordentlichen Charakter zu begegnen und ihn zu würdigen. Nicht nur, dass jeder Käse sein besonderes Aroma entwickelt, auch unsere Möglichkeiten, das Außergewöhnliche wahrzunehmen und zu genießen, sind selbstverständlich tageszeitabhängig.

Meine Empfehlung: Den Busana zur Früh, den Schörpf-Weichkäse gegen Mittag, am Nachmittag die Käsesorten von Zrill, am Abend zum gelungenen Tagesabschluss kann es einer von Naynar sein.

Robert Paget

Seit den 1970er-Jahren macht Robert Paget Ziegenkäse von außerordentlicher Qualität. Sein Käse, seine Arbeit wird von vielen gerühmt und kann auch nicht hoch genug gelobt werden. Robert Paget ist ein Pionier mit einem klaren Qualitätsverständnis, dem er kompromisslos dient. Aber er ist auch ein Künstler. So sind seine Käsesorten auch Ausdruck seiner künstlerischen Existenz. Der Ziegenkäse von Robert Paget ist immer ein Ereignis und ein absoluter Hochgenuss.

Produkte

- Ziegenweichkäse

Eine Besonderheit: Robiola di Roccaverano

Roccaverano im Piemont, der Himmel für Genießer! Auf 800 Meter Seehöhe liegt diese wunderbare, terrassierte Landschaft, ein fast vergessenes und gleichsam bedrohtes Kulturgut. Von hier kommt der Original-Robiola-Frischkäse, am besten aus roher Ziegenmilch gemacht.

Seit über 1000 Jahren wird dieser Käse in Dokumenten dieser Region erwähnt, aus Roccaverano und dem Bormida-Hochtal. Die Milch wird in dieser Gegend von kleinen Bauern gesammelt. Es gibt aber nicht wenige Bauern, die ihre Milch selbst zu Robiola verarbeiten. Noch besser ist es, den Robiola direkt von diesen kleinen Produzenten zu erstehen.

Jeder kleine Betrieb und auch viele Bäuerinnen und Bauern haben ihre eigenen Kulturen und jeder Käse hat seine eigene Note. Klassisch werden die Tiere auf der Weide gehalten, das bringt die würzige Note in den Käse. Der Robiola hat eine feinkörnige bis cremige Struktur. Einen leichten Milchsäure-würzigen Geschmack mit einem feinen, kaum wahrnehmbaren süßen Hauch.

3. Käse aus Schafmilch

Schafhalter und ihre Käse

Familie Rzepa

Die Familie Rzepa macht aus der wunderbaren Milch ihrer Schafe einen hervorragenden, frischen Schafweichkäse – sehr mild mit sehr zartem Aroma. Ich gebe gerne einen Schuss von einem würzigen, herben Olivenöl dazu, um den Käse für meinen Geschmack abzurunden.

Familie Eisl

Auch von der Familie Eisl gibt es einen frischen Schafkäse, gerollt. Den kann man gut mit einem herben Honig mischen oder selbstverständlich mit frischen Kräutern anreichern.

Schafzucht Hautzinger

In Tadten im Burgenland betreibt die Familie Hautzinger eine Landwirtschaft, in der sie sich vor allem der Schafzucht widmet. In der hofeigenen Käserei macht sie verschiedene Käse und Joghurts. Im Restaurant Taubenkogel bin ich dem Hautzingerischen Schafkäse zum ersten Mal begegnet, wärmstens, ja geradezu enthusiastisch empfohlen von Frau Eselböck. Und ich muss sagen: zu Recht. Er ist ein wirklich außerordentlicher Käse, sauber gefertigt, gut gereift, mit einem Wort, ein empfehlenswerter Schafkäse.

Produkte
- Camembert aus Schafkäse und anderes

Pecorino

Pecorino ist ein Schafkäse aus unterschiedlichen Regionen Italiens. Leider wird heute sehr oft Kuhmilch mit der Schafmilch vermischt. Der Original-Pecorino muss aus reiner Schafmilch sein.

Ich bevorzuge den aus Sardinien. Hier weiden die Schafe in der Macchia und dadurch hat ihre Milch so einen charaktervollen Geschmack und der Käse so einen charaktervollen Biss. Pecorino wird mit Rohmilch gefertigt. Der Käsebruch wird in Korbformen geschnitten, von diesen hat der Original-Pecorino sein typisches Korbabdruckmuster. Den sardinischen Pecorino bevorzuge ich, wenn er mindestens ein Jahr lang gereift wurde. Er ist dann härter in der Konsistenz, sehr intensiv und würzig im Geschmack. Beim originalen sardischen Pecorino kommen dann noch alle Aromen des Mittelmeers und das Raue, Unbändige der sardinischen Berge dazu.

Den Pecorino gibt es auch geräuchert. Der sehr intensive Rauchgeschmack überdeckt allerdings das fantastische Aroma des lang gereiften Pecorino. Der geräucherte hat mir nie Freude gemacht.

Wenn ich in Sizilien unterwegs bin, bevorzuge ich den jungen Pecorino, so drei bis vier Monate gereift. Bei sizilianischen Bauern gibt es ihn noch jünger, er wird mit Früchten oder Gemüse gegessen. Im Mai einen Zitronensalat mit einem jungen Pecorino serviert zu bekommen, ist ein besonderes Genusserlebnis.

Wissenswertes: Qualitätsparameter bei Käse

Käse mindestens eine Stunde vor dem Essen aus dem Kühlschrank nehmen! Um Käse genießen zu können, muss er die richtige Temperatur, nämlich Zimmertemperatur, haben. Nur so können sich der volle Geschmack und das einzigartige Aroma entfalten.

Aussehen und Rindenbildung: *Als Erstes wird beim Käse das äußere Erscheinungsbild beurteilt. Die Beschaffenheit der Rinde/Käseoberfläche lässt erste Rückschlüsse auf die Sorgsamkeit bei der Pflege des Käses zu. Ursachen für Schmier- und Rindenfehler haben oft auch geschmackliche Auswirkungen.*

Textur, Farbe und Teig: *Die Schnittfläche sollte eine einheitliche Farbe aufweisen. Farbveränderungen in Rindennähe können durch Temperaturschwankungen bei der Lagerung verursacht sein. Der Teig selbst soll in homogener Form dem Käsetyp entsprechen. Hartkäse sind eher kürzer im Teig. Schnittkäse und Weichkäsesorten sollten zart und geschmeidig sein.*

Lochung: *Die Lochung sollte gleichmäßig sein und dem Käsetyp entsprechen. Großlochkäse wie der Emmentaler verdanken ihre Optik den gasbildenden Propionsäurebakterien. Für den Tilsiter ist eine Bruchlochung typisch. Bergkäse und andere Hartkäsesorten weisen eine geringe erbsengroße Lochung bis keine Lochung auf. Unregelmäßigkeiten in der Lochung entstehen durch Fehler bei der Bruchbereitung oder beim Pressen der Käselaibe. Molkeeinschlüsse können sich so ebenfalls auf den Geschmack auswirken.*

Geruch und Geschmack: *Die wichtigsten aller Parameter sind der Geruch und Geschmack eines Käses. Diese sind sortenabhängig unterschiedlich, sollten jedoch folgende Eigenschaften aufweisen: rein und ohne Nebengeschmäcke, kein stechender Geruch, keine herbe oder gar bittere Note, kein Brennen auf der Zunge.*

Topfen

Beim Topfen handelt es sich technologisch gesehen um einen Frischkäse aus Magermilch. Topfen wird aus saurer Milch gewonnen. Zur Topfenherstellung wir als Erstes die Milch dickgelegt. Dies geschieht meist durch eine Kombination von Milchsäurebakterien und Lab. Nun geht es um die Trennung der Molke vom dickgelegten Milcheiweiß. Hierzu gibt es unterschiedliche Verfahren.

Traditioneller Bauerntopfen

Dabei handelt es sich um das ursprüngliche Herstellungsverfahren. Die Magermilch wird durch eine reine Langzeitsäuerung von mindestens 24 Stunden dickgelegt. Früher stellte dazu die Bäuerin oder der Bauer die Milch auf die erkaltende Herdplatte. Nach dem Bruchschneiden und Absetzen des Bruchs von der Molke wird der Topfen in einem Tuch abgepresst. Die bröselige Struktur erhält der Topfen durch abschließendes Zerreiben der gepressten Topfenmasse. Sein einzigartiger Geschmack entsteht durch die reine Langzeitsäuerung der Milchsäure.

Schulenburg-Topfen

Das Schulenburg-Verfahren ist ein traditionelles Topfenherstellungsverfahren von Molkereien. Hier wird die Milch in sogenannten Schulenburg-Wannen dickgelegt – die Gallerte wird mit der Käseharfe von Hand zum Bruch geschnitten –, nach Austreten der Molke aus dem Bruch wird die Molke über ein Sieb schonend abgepresst. Das führt zur typischen Schulenburg-Textur, denn dieser Topfen hat im Vergleich zum Zentrifugentopfen eine höhere Trockenmasse und wird speziell von Bäckereien für Topfenfüllungen geschätzt. Erkennbar ist der Schulenburg-Topfen auch an seiner unregelmäßigen, etwas bröseligen Struktur.

So gefertigter Topfen schmeckt einfach großartig! Wenn Sie einmal die Wahl haben, versuchen Sie den Schulenburg-Topfen. Der Vergleich macht Sie auch hier sicher. Topfenpalatschinken mit dem Schulenburg-Topfen sind einfach himmlisch.

Zentrifugen-Topfen

Unter Zuhilfenahme der Schwerkraft wird in einer Zentrifuge die Molke durch Schleudern von der Topfenmasse getrennt. Dies ist die gängige großtechnische Methode. Sie kann kontinuierlich erfolgen, theoretisch nonstop. Der Zentrifugentopfen hat eine relativ niedrige Trockenmasse. Die Molke verbleibt im Produkt und macht dieses weich und cremig. Bei den meisten am Markt erhältlichen Topfenprodukten handelt es sich um diese industrielle Fertigung.

Vergleichen Sie und beurteilen Sie selbst, welche Art von Topfen Sie bevorzugen.

Fleisch

Kann Fleisch glücklich machen?

Im Zusammenhang mit Glück über Fleisch zu schreiben, ist mir lange Zeit sehr schwergefallen. Aber Fleisch gehört zu unserer Ernährung, und vor allem im alpinen Raum bildet die Vermarktung von Fleisch für viele Bauern ihre Existenzgrundlage.

Versuchen wir genau hinzusehen: Womit haben wir es zu tun, wenn wir Fleisch essen? Es geht um Tiere, Tierhaltung, Tierfütterung, den Transport der Tiere zum Schlachthof, die Schlachtung, Reifung und Verarbeitung. Da ich ja der Überzeugung bin, dass wir Menschen alles, was ein Tier erlebt, alles Leid, alle Demütigungen, alle Qualen, alles Destruktive und alles Schändliche, das dem Futter anhaftet, mit dem es gemästet wird, mitessen, können wir nicht einfach vor der Tatsache, wie heute mit Nutztieren umgegangen wird, die Augen verschließen. Die Frage der Tierhaltung ist Bestandteil unserer Nahrung, unserer Gesundheit.

Nur von gesunden Tieren kommen gesunde Lebensmittel

Ich glaube, niemand widerspricht der Maxime: Nur von gesunden Tieren kommen gesunde Lebensmittel. Und es gibt inzwischen viele wissenschaftliche Untersuchungen von Neuseeland über Irland, die Schweiz, Bayern und Österreich, die aussagen, dass die Milch, das Fleisch und die Eier von Tieren aus Weidehaltung einen signifikant höheren Anteil an wertvollen Inhaltsstoffen, wie Vitamine, essentielle Fettsäuren, die wichtige konjugierte Linolsäure (CLA) und noch vieles mehr, beinhalten.

Da dem so ist, gibt es keine Alternative zur Weidehaltung. Lebensmittel von Tieren aus Weidehaltung haben eine vollkommen andere Gaumenqualität, einen unvergleichlichen Geschmack. Den unmittelbarsten Unterschied bemerkt jeder bei der Qualität des Fettes im Fleisch. Lebensmittel von Tieren aus Weidehaltung verfügen über ein überwältigendes Aromaspektrum. Letztendlich ist es das Glück, das die Tiere auf der Weide erleben, was uns nährt und stärkt. Was uns, wie Georg Bacher, von dem später noch die Rede sein wird, meint, nicht nur den Bauch füllt, sondern unsere Entwicklung ermöglicht.

Der Kampf ums Überleben

Das ökonomische Denken unserer Zeit, das inzwischen alle Lebensbereiche bestimmt, hat selbstverständlich auch vor der Urproduktion – der Arbeit der Bäuerinnen und Bauern – nicht haltgemacht. Der tägliche Futtereinsatz muss sich in der täglichen Leistungszunahme der Tiere niederschlagen. Der Stallplatz muss maximal genutzt werden. Der Arbeitsaufwand auf den Bauernhöfen muss in der Regel von einem Menschen bewältigt werden können. Waren früher auf einem Hof viele Menschen, die zupackten, liegt heute die Last meist auf der Kleinfamilie. Als Bäuerin und Bauer zu überleben, ist ein schwieriges Geschäft geworden. So ist es verständlich, dass die meisten die vorgegebenen Wege, die Wege des Mainstreams, gehen. Außenseiter zu sein in einer kleinen Gemeinschaft, in der man auf Nachbarschaftshilfe angewiesen ist, ist ein hartes Brot.

Zurück zu autochthonen Rassen

In den Jahren 1960–1975 waren die Bäuerinnen und Bauern, die sich für biologische Landwirtschaft entschieden hatten, die vielfach verpönten Außenseiter. Ich habe das oft miterlebt, und es war für die meisten kein Honigschlecken. Und jetzt, wo die Zukunft bereits vorgezeichnet zu sein schien, gibt es Menschen, die sagen, wir müssen zurück zu den alten Rassen, den regionsbezogenen Rassen, zurück zur Tradition der Großväter. Es sind innovative Bäuerinnen und Bauern, die für sich und ihre Familien die Zukunft in der Landwirtschaft sehen. Auch das ist ein hartes Brot: Tiere von autochthonen Rassen geben weniger Milch, der Metzger hat keine Freude an ihnen und bezahlt einen geringeren Preis. Diese Tiere werden später schlachtreif und es gibt noch viel zu wenig Infrastruktur für die Vermarktung.

Bäuerinnen und Bauern, die sich alter Tierrassen annehmen, sind im Moment noch Pioniere. Die Freude und die Lust, alte Rassen wiederzubeleben, ist ein Plädoyer für die Vielfalt und gegen das monotone Einerlei. Inzwischen werden die regionaltypischen Rassen sogar über das Landwirtschaftsministerium gefördert. Das ist ein Ansatz, der uns vielleicht wieder zur Vielfalt und zu außerordentlichen Qualitäten zurückkommen lässt.

So wie die üppige Biodiversität der Berge uns erfreut, so sind es auch die vielgestaltigen Haustierrassen. Diesen verloren gegangenen Reichtum sollten wir uns zurückerobern, um wieder eine Wahl, eine Auswahl zu bekommen, denn diese ist ja vollkommen verkümmert.

Die Vorzüge alter Tierrassen

Vor noch nicht so langer Zeit hatte jede Region ihre eigene Rinderrasse, sie stellte auch eine regionale Identität dar. Denn die individuelle Schönheit der autochthonen Rinderrassen ist in der jeweiligen Region verwurzelt und gehört mit zu ihrer Identität. Jedes Rind hatte seine regionaltypischen Vorzüge, Geländegängigkeit und die regionalspezifische Futtergenügsamkeit. Alte Tierrassen sind mit den jeweiligen klimatischen Bedingungen vertraut, widerstandsfähiger und gesünder. Sie benötigen kein Industriefutter, sie finden in der Regel ihr Auslangen mit dem Futterangebot des Standorts. Mehr noch, mit ganzjähriger Maissilage, Soja, synthetischen Aminosäuren und zusätzlichen Enzymen erzielt man bei diesen alten Rassen keine herausragenden Erfolge. Für Bäuerinnen und Bauern ist es allerdings aufwendiger, diese zu halten, sie müssen oft individuell auf das jeweilige Tier abgestimmte Haltungslösungen finden.

Jede in die Region gehörende Kuh hat eine regionaltypische Milch- und Fleischqualität. Milch und Fleisch von Kühen, die rassengerecht gehalten und gefüttert werden, haben nicht nur in ihrem Geschmack und ihrem Aroma Besonderheiten, sondern ein Mehr an Inhaltsstoffen, wie signifikant höhere Werte an essentiellen Substanzen von bestimmten Aminosäuren und einen höheren Vitamingehalt.

Alte Tierrassen eröffnen uns Konsumentinnen und Konsumenten ein Schlaraffenland für außerordentliche Genusserlebnisse. Sie lehren uns die mögliche Geschmacksvielfalt und sie erziehen uns, unsere Bedürfnisse, unsere Anforderungen an ein Lebensmittel treffsicher zu benennen. Beim Kochen mit Lebensmitteln von alten Tierrassen begreifen wir schnell, dass es keines Schnickschnacks und keiner aufgemascherlten Kochkünste bedarf. Die einfache, dem Eigengeschmack des Lebensmittels verpflichtete Küche ist gefragt. Von der Vielfalt lernen wir den Hochgenuss der Einfachheit.

Rindfleisch

Von der Kultur des Mangels zur Kultur der Vielfalt

Rund 80 Prozent der österreichischen Rinder sind Fleckvieh. Das ist ein Zustand, der geändert gehört. Rinderhaltung war bis in die Mitte des letzten Jahrhunderts regional beziehungsweise auf den Standort bezogen: alemannisches Braunvieh, Grauvieh sowie das Tuxer Rind im Tirolerischen, darüber hinaus das Pinzgauer Rind im Salzburger Land, in Oberkärnten und in den westlichen, bergigen Teilen der Steiermark. Im Ennstal und in der Region Murau gab es den Bergschecken, in Unterkärnten das Kärntner Blondvieh, in der Steiermark die Murbodener Rinder und im Waldviertel das dortige Blondvieh.

All diese Rassen waren dem Futterangebot der Region angepasst, die meisten waren Mehrnutzungsrinder, das heißt, sie waren Milchkühe, hatten hervorragendes Fleisch und die Bäuerinnen und Bauern konnten sie zum Arbeiten einspannen. Das Wohl vieler Bauernfamilien im Bergland hing von ihren Rindern ab. Mit der Modernisierung der Landwirtschaft wurden die Tiere zum Kapitalinteresse. Und nur die Tiere, die das beste Einkommen versprachen, blieben übrig – die anderen auf der Strecke.

Das Einkommen versprach selbstverständlich nicht das Tier, sondern der Viehhändler, der Schlachter. Letzterer wiederum hatte kein Auge für die beste Rindfleischqualität. Er war an der besten Ausbeutung des Schlachtkörpers interessiert, wie zum Beispiel am Mengenverhältnis von Knochen zu Fleisch. Großrahmige Tiere erbrachten mehr Fleisch bei gleichem Arbeitsaufwand. So begann die Selektion! Die autochthonen, alten Rinderrassen wurden auch deshalb eliminiert, da ihr Fleisch spät reif, also spät geeignet zum Schlachten, wurde. Darum wollte man das lange Warten verkürzen und verlegte sich auf Rassen mit früher Schlachtreife. Dass bei dieser Art des Rechnens die besondere Qualität des Fleisches aus den Augen verloren wurde, haben inzwischen viele begriffen.

Fleischqualität von autochthonen Rinderrassen

Die Qualität des Fleisches von autochthonen Rinderrassen ist eine ganz besondere. Sie haben ein spät reifes, zartes Fleisch mit einer ausgewogenen, intramuskulären Fetteinlagerung und eine gute Fettabdeckung. Bei Fleisch aus industrialisierter Tierhaltung kommt meist ein hoher Kraftfutteranteil zum Einsatz, um ein optimales Verhältnis von Futtereinsatz und Gewichtszunahme des Rindes zu erzielen. Das Fleisch von solchen Tieren ist meist trocken, hart und auf unserem Gaumen freudlos.

Was ist eigentlich herausragende Qualität? Wenn ein Lebensmittel unseren Körper, unseren Geist und auch unsere Seele nährt, ist es von der Qualität, nach der wir uns sehnen. Ob das bei allen tierischen Produkten der Fall ist, die so angeboten werden, können wir erst klären, wenn wir wissen, wie die Tiere gehalten, wie sie gefüttert wurden, welche Zeit man ihnen ließ und was für ein Leben sie hatten. Wenn sich die Tiere bei einem Mäster während ihrer ganzen Lebenszeit kaum bewegen können, müssen wir keine weiteren Fragen stellen. Der Tierhalter muss seine Tiere, die Tierrasse kennen und von der richtigen Tierhaltung viel verstehen. Tiere anonym zu mästen, ist ein Unding und erbringt in dieser Haltungsform nie Qualität.

Der Geschmack der Weide

Ich machte folgende Erfahrung: Vor zwei Jahren erstand ich Fleisch von Galloways, die einen Sommer lang auf den Hundsheimer Bergen im Osten Niederösterreichs – also nicht hochalpin – auf der Weide gehalten wurden. Das Naturschutzgebiet Hundsheimer Berge ist ein Biotop. Hier gibt es Pflanzen aus dem Osten und zugleich solche aus dem Mittelmeerraum. Der Wind trug offensichtlich die Samen aus der russischen Steppe und vom Mittelmeer zu dieser leichten Erhebung. Dadurch, dass auf den Hundsheimer Bergen keine Landwirtschaft mehr betrieben wurde, drohte dieses botanische Juwel mit Sträuchern zuzuwachsen. Um dies zu verhindern, hatten Botaniker ein Beweidungsprojekt gestartet und die genügsamen Galloways waren die idealen Tiere. Die Rinder bekamen kein zusätzliches Futter, 24 Stunden am Tag verbrachten sie auf der Weide: Gras, junge Sträucher und Wasser waren alles, wovon sie lebten.

Von diesen Tieren wurde im Herbst eines geschlachtet und ich bekam einen Teil davon. Ich verschenkte ein Stück dieses Fleisches an Freunde, ohne etwas zu erzählen. Die Begeisterung über das Fleisch war grenzenlos. In der Tat war es das beste Fleisch, das ich je gegessen hatte. Ein paar Wochen später bekam ich noch einmal Galloway-Fleisch vom selben Bauernhof. Und wieder verschenkte ich einen Teil davon an dieselben Freunde. Der Enthusiasmus hielt sich diesmal allerdings in Grenzen. Ja, es war ein gutes Fleisch, aber bei Weitem nicht von der Qualität wie letztes Mal. Das Geheimnis war bald gelüftet: Beide Tiere waren Galloways, also die gleiche Genetik, beide gleich alt und das Fleisch gleich lang gereift. Aber das eine Rind hatte auf den Hundsheimer Bergen geweidet, das andere sein Leben in einem Stall mit Auslauf verbracht. In der Fleischqualität, im Aroma, dem Geschmack – ein himmelhoher Unterschied! Hinsichtlich der Milch- und Fleischqualität gibt es zur Weidehaltung keine Alternative. Alles andere ist ein schaler Ersatz.

Wissenswertes: Wussten Sie, dass Fleisch reifen muss?

Fleisch – vor allem von Wiederkäuern – sollte gereift beziehungsweise abgehangen werden. Natürlich mit Ausnahme der Innereien.

Das Fleisch wird mürber, aromatischer und viel bekömmlicher. Das Fleisch von frisch geschlachteten Tieren wird durch einen chemischen Vorgang zuerst einmal sauer – der pH-Wert sinkt ab. In diesem Zustand ist das Fleisch zäh. Durch die Lagerung wird ein enzymatischer Prozess in Gang gesetzt und der pH-Wert steigt wieder an. Es bilden sich Milchsäurebakterien, die die Reifung vorantreiben. Gut gereiftes Fleisch hat einen weit besseren Geschmack, es gart schneller und ist aromatischer, mürbe und saftig.

Qualitätskriterien Rindfleisch

Alles, was wir essen, wirkt in uns nach. Unser Körper, und ich denke auch, unsere Seele, verbindet sich mit dem Vereinnahmten und was das Tier erlebt hat, rumort in uns. Am leichtesten ist dem bei einem auf seiner Wildbahn erlegten Wild nachzuspüren. Wenn Sie zum Beispiel einen geschossenen Hirsch essen, achten Sie darauf, was Sie in der folgenden Nacht träumen! So ist es mit allem Lebendigen: Mit der nötigen Achtsamkeit spüren Sie, dass das gelebte Leben der Tiere in Ihnen waltet oder wütet.

Worauf es von der Urproduktion bis zum fertigen Produkt ankommt:

1. Keine Silagefütterung.
2. Keine Sojafütterung – für unsere Lebensmittel muss der Regenwald nicht zerstört werden.
3. Heu, Gras, ganz wenig heimisches Getreide.
4. Weidehaltung für die Gesundheit der Tiere, für die Qualität des Fleisches und den Gehalt an Omega-3-Fettsäuren. Rinder, die ihre Sommer auf der Weide verbringen, filtern im Blättermagen die Vitalstoffe der Bergkräuter, der Bergwiesen aus und lagern sie unter anderem im Fleisch ein.

5. Das Fleisch muss feinfasrig sein.
6. Es muss eine gute Marmorierung aufweisen und über eine treffliche Fettabdeckung verfügen.
7. Das Rindfleisch sollte drei Wochen gereift sein. Dieser Punkt ist bei der industriellen Vermarktung kaum mehr zu bewerkstelligen. Ihr Fleisch, das Sie kaufen, ist meistens erst vor drei, vier Tagen geschlachtet worden. Wenn das Fleisch Ihres Sonntagsbratens zäh ist, liegt die Schuld meistens nicht bei Ihnen.
8. Ein Rindfleisch, das diesen Namen verdient, muss von einem Tier kommen, das mindestens 22 bis 24 Monate alt ist. Es ist dasselbe wie beim Käse oder bei einer Flasche Rotwein: Das Fleisch muss das richtige Alter haben.

Der letzte Gang

Da wir die Liebe zu den Tieren verloren haben, unsere Beziehung zu ihnen anonymisieren, mästen wir sie mit tauben Ohren und herzlosen Augen. Aber wir mästen nicht nur die Tiere, auch uns selbst, ansonsten hätte die Produktion von Tieren für unser Fleisch nicht diesen Weg eingeschlagen. Ich denke, dieser Fehlgang ist unserer Gesundheit abträglich.

„Der letzte Gang“ ist eine Geschichte, die wir – zu Recht – gerne ausblenden, aber über die ich hier auch sprechen muss. Viele Tiere gehen bei ihrem Gang zum Transportwagen und in den Schlachthof das erste Mal in ihrem Leben ein größeres Stück. Oft werden sie während ihrer Mästung ohne viel Bewegungsmöglichkeit eingepfercht. Nur wenn wir das Fleisch dieser Tiere verweigern, beginnt bei den Mästern ein Lernprozess!

Tiere, die ihr Leben auf der Weide verbringen und ein ihrer Eigenart entsprechendes Leben führen, sind allerdings sehr schwer transportierbar. Meistens ist es ein Moment, in dem sie hohem Stress und großer Aufregung ausgesetzt sind.

Die Rinderflüsterer

Jetzt ist der Augenblick, an dem ich Ihnen die Geschichte von Georg Bacher erzähle. Er organisierte die Tiertransporte vom Bauernhof zum Metzger. Um zu verstehen, was mit den Tieren passiert oder besser noch, was in den Tieren vorgeht, übernahm er diese Arbeit anfänglich selber. Wenn er vorfuhr, gab es eine Riesenaufregung auf dem Hof, bei den Tieren und vor allem bei dem Rind, das er abholte. Er begleitete die Rinder vom Hof zum Schlachthof, und das Leid und die Schmerzen der Tiere setzten ihm ordentlich zu. Jedes Mal, wenn er die Tränen in den Augen der Tiere sah, versuchte er, einen Sinn in seiner Arbeit zu finden.

Seiner Meinung nach haben die Tiere bei uns Menschen eine Aufgabe. Und der Tod ist dann für das Tier nicht sinnlos, wenn es uns Menschen in unserer Entwicklung weiterbringt. Eine diffizile Angelegenheit, ich weiß. Sie erinnert mich an die Schöpfungsgeschichte, wo uns alles, darunter auch das Getier, überantwortet wurde. Dieser Aufgabe, dieser Verantwortung sind wir Menschen nun wahrlich nicht gerecht geworden. Es war und ist nicht zum Vorteil für die Schöpfung!

Zurück zu Georg: Er meint, dass die Tiere für uns Menschen zwei Aufgaben zu erfüllen haben. Zum einen lehren sie uns, der zu sein, der wir sind. Eine Ziege sei eine Ziege und eine Kuh eine Kuh. Sie seien nicht etwas anderes und geben sich nie für etwas anderes aus. Sei, wer du bist, du sollst nicht jemand anderer sein. Lebe dein Leben und schöpfe deine Möglichkeiten zu deinem Wohl und zum Wohle aller aus. Zum zweiten geben uns die Tiere Kraft und Energie, uns als Mensch in unserem Menschsein zu entwickeln, zu entfalten.

Aus dieser Erkenntnis hielt Georg die Bäuerinnen und Bauern an, sich von den Tieren einen Tag, bevor sie abgeholt wurden, zu verabschieden und auch der Herde zu erklären, dass für dieses Tier die Zeit gekommen ist, zu gehen. Er lehrte die Bäuerinnen und Bauern, sich mit den folgenden Abschiedsworten zu trennen:

„Du hast ein schönes Leben gehabt, du musst jetzt gehen, du wirst jetzt Lebensmittel für uns Menschen."

Das war natürlich eine harte Nuss für die meisten Bäuerinnen und Bauern, und es ist für die professionell geschäftige, industrialisierte Tiertransportabwicklung, die die Tiere mittels elektrischen Treibstocks gefügig macht, ein Schlag ins Gesicht. Aber wie gesagt, alles, was ein Tier erlebt hat, dessen Fleisch auf Ihrem Tisch ist, vereinnahmen Sie und integrieren Sie in Ihr Leben! Bei einem glücklichen Tier ist im Fleisch keine Aggression, kein Leid eingelagert.

Seit seine Bäuerinnen und Bauern dieses Ritual einhalten, gibt es am Bauernhof kein Plärren und keine Aufregung mehr. Georg begleitet die Tiere dann bis zur Schlachtung und betet beim Gang zur Tötungskammer für sie mit den Worten: „Dein Tod soll nicht sinnlos sein, bring den Menschen in seiner Entwicklung weiter." An seiner Aufgabe und an seinem Willen, es richtig zu machen, ist mein Freund Georg Bacher gewachsen und er ist ein sanfter und außerordentlicher Mensch geworden. Ein Mensch, dem alle mit Respekt und Ehrfurcht begegnen.

So unglaublich die Geschichte für viele Konsumentinnen und Konsumenten klingt, ich habe im Laufe meines Lebens noch einige ähnliche gehört. Zum Beispiel hat mir ein Bauer am Mondsee Folgendes erzählt: Wenn er die Absicht hat, ein Rind zu schlachten, geht er in den Stall, redet mit dem Tier und erklärt der Herde, was jetzt auf das Rind zukommt. Ist er mit seiner Ansprache fertig, gehen die anderen Tiere auf die Weide, nur das Rind, um das es geht, bleibt bei ihm stehen und geht mit ihm mit. Ohne Gewalt, ohne Elektroschocker!

Die Verantwortung der Menschen

Da aber viele Menschen nicht mehr bereit sind, die Verantwortung für ihr Tun zu tragen, sind die Haltung der Tiere, die Fütterung, das Abholen und das Schlachten anonymisiert und industrialisiert worden, um all diese Vorgänge von ihnen, ihrem Menschsein zu trennen. Anonymisiert und industrialisiert heißt entseelt. Möchten Sie sich von entseelten Lebensmitteln ernähren?

Identität durch Regionalität

Regional heißt doch, dass wir die Besonderheit der Region, das Unverwechselbare, das der Region Identität und Stolz gibt, pflegen, um so Unterscheidungsmerkmale zu anderen Regionen der EU zu bewahren. Deshalb gibt es an ein Rind im Waldviertel andere Anforderungen als an eines im extremen Berggebiet. Daher gibt es auch an die Bäuerinnen und Bauern unterschiedliche Anforderungen. Diese Unterschiede sollten nicht nivelliert werden, ganz im Gegenteil. Jedes Produkt hat regionaltypische Qualitätsvorzüge. Ein Überleben der bäuerlichen Betriebe in den Ungunstlagen ist nur dann möglich, wenn diese Qualitätsvorzüge den Konsumentinnen und Konsumenten bewusst gemacht werden und auch nachvollziehbar und erlebbar sind.

Wer einmal Fleisch von einem Pinzgauer Rind, das den Sommer auf der Alm verbringen durfte, gegessen hat, oder vom Grauvieh aus den Tiroler Bergen, kann erst ermessen, dass Rindfleisch etwas Besonderes sein kann. Unvergleichlich.

Tiroler Grauvieh

Grauvieh-Enthusiasten behaupten rundweg, dass das Grauvieh schon seit 3000 Jahren in den Tiroler Alpentälern gehalten wird und erklären damit die besonderen Instinkte der Tiere, mit den unwirtlichen Bedingungen in den Bergen bestens zurande zu kommen.

Diese Tiere sind genügsame, einfach ideale Alpenkühe, ihre Fähigkeit, das Futter der Region optimal zu verwerten, ist sprichwörtlich. Um genau zu sein, müsste man bei Grauvieh davon sprechen, dass sie Almgras, die Gräser der Bergweide zu besonderer Milch und hervorragendem Fleisch veredeln.

Das Tiroler Grauvieh ist für viele Tiroler Kleinbäuerinnen und -bauern immer noch ihre wirtschaftliche Grundlage. Eine Grauviehherde mit ihrem zarten grauen Schimmer vermag jede Tiroler Bergwiese zu verzaubern. So ist es selbstverständlich, dass die beste Schokolade, für die nur die Milch von Grauvieh verwendet wird, „Tiroler Edle“ heißt. Das Grauvieh verzaubert nicht nur die Landschaft und ihre Halter, sondern auch die Produkte, für die seine Milch verwendet wird.

Das Pinzgauer Rind

Es ist ein viel gelobtes, hochdekoriertes Rind, ein klassisches Dreinutzungsrind. Es gibt eine hervorragende Milch, hat feinfasriges, marmoriertes Fleisch und eignet sich sehr gut zur Arbeit. So war das früher, heute haben die Bäuerinnen und Bauern für die Arbeit Traktoren. Wenn sich Pinzgauer Züchter treffen, sind sie ganz in ihrem Element: Bei ihren Versammlungen wird unentwegt die Schönheit der Pinzgauer Rinder besungen.

In der Tat: Das Pinzgauer Rind ist wahrscheinlich das schönste Rind auf Erden. Einen Eindruck vergesse ich mein Leben lang nicht mehr: Im Oberen Pinzgau, schneebedeckte Berge, grüne Wiesen, blühende Bäume und dazwischen die kastanienbraunen Pinzgauer Rinder mit ihrer typischen weißen Zeichnung. Mir blieb vor dieser umwerfenden Schönheit schier das Herz im Leibe stehen. Die Rinder sind optimal auf das Futter des Standorts eingestellt. Sie sind geländegängig, eignen sich sehr gut für Almung und die Milch ist wie geschaffen zum Käsen: Fettgehalt und Eiweißwerte sind optimal. Und auch Studien der Universität München haben ergeben: Das Fleisch der Pinzgauer Rinder ist von einer nicht zu überbietenden Qualität.

Übrigens, haben Sie gewusst, dass ein Stier, der bei einer Bäuerin erwachsen wird, also im Stall kaum mit dem Bauern zu tun hat, dermaßen auf die Frau fixiert ist, dass später ein Mann mit dem Stier nicht mehr zurande kommt? Ich schenkte einmal einem Pinzgauer Züchter, dessen Arbeit ich sehr bewundere, einen Stier zur Zucht, der bei einer Bäuerin aufgewachsen ist. Als ich den Bauern wieder einmal besuchte und nach dem Stier fragte, erzählte er, er sei mit diesem Stier einfach nicht fertig geworden. Er war ständig aufsässig und sobald er die Gelegenheit hatte, attackierte er ihn. Für den Bauern waren es außerordentlich gefährliche Momente. Ich hätte es wissen müssen, meinte er. Mit einem auf eine Frau fixierten Stier kann ein Mann nichts mehr anfangen.

Aber ein Stier in der Herde sorgt für Ruhe und ein harmonisches Klima. Stiere sind wachsam wie Hunde und können in der Tat sehr tiefe Beziehungen mit Menschen eingehen. Ich erlebte das bei einem erfolgreichen Unternehmer, der noch eine Landwirtschaft hatte. Jedes Mal, wenn er auf den Hof kam, stand der Stier schon beim Gatter und wartete auf ihn. Zwischen den beiden bestand eine tiefe, sonnenhafte Beziehung.

Der Bergscheck

Der Bergscheck ist eine aussterbende Rinderrasse, die im ausgehenden 19. Jahrhundert in Oberösterreich und Teilen der Steiermark sehr verbreitet war. Der Bergscheck im Ennstal und in der Region Murau lässt sich bis ins 8. Jahrhundert zurückverfolgen. Es sind kleine, leichte Rinder, weiß beziehungsweise cremig, mit hellbraunen Flecken, mit wachsgelben Klauen und Hörnern. Trotz ihrer Zartheit oder gerade deswegen sind sie widerstandsfähig und von außerordentlicher Gesundheit.

Der Bergscheck ist ein ideales Tier für die Weidehaltung auf steilen Hängen und im bergigen Gelände. Von den Bergschecken wird behauptet, dass sie das zarteste, feinfasrigste Fleisch überhaupt haben sollen. Bis ins ausgehende 19. Jahrhundert war ihr Fleisch so legendär, dass es von den hohen Ständen in halb Europa bis nach England gefragt war. Das soll auch der Grund gewesen sein, warum die autochthonen Rinder fast ausgestorben wären. In den Annalen wird berichtet, dass es vor ein paar Jahren nur mehr wenige Tiere gab. Heute gibt es wieder Züchter, und diese Rinderrasse hat vielleicht wieder eine Zukunft.

Das Blondvieh

Von Kaiser Franz Joseph I. wird erzählt, dass er jeden Tag Rindfleisch von Kärntner Blondvieh gegessen haben soll. Sowohl in Kärnten als auch im Waldviertel gibt es Bestrebungen, die ursprünglichen Rassen Kärntner beziehungsweise Waldviertler Blondvieh nicht nur vor dem Aussterben zu retten, sondern sie zu aktivieren. Immer mehr Bäuerinnen und Bauern beschäftigen sich mit dem Blondvieh und lernen es schätzen. Es sind relativ große, cremefarbige Tiere. Sie haben eine gute Milchleistung und eine legendäre Fleischqualität. Die Züchter sagen, dass die Nachfrage wächst. So sind offensichtlich auch immer mehr Konsumentinnen und Konsumenten von der Qualität überzeugt.

Aber ich muss unbedingt darauf hinweisen, dass die Entstehung des Kärntner Blondviehs eine ganz andere war als die des Waldviertler Blondviehs. Es sind zwei unterschiedliche Rassen in unterschiedlichster Topologie, das heißt, es gelten auch unterschiedlichste Anforderungen an die jeweiligen Rinder.

Braunvieh

Montafoner Braunvieh, die Rinder meiner Jugend. Ich konnte mir als Kind gar nicht vorstellen, dass es andere Kühe als das Montafoner Braunvieh gibt. Im Frühjahr, wenn das Braunvieh zum ersten Mal wieder auf die Weide getrieben wurde, konnte jeder die Freude der Rinder sehen. Die Tiere hatten eine sichtliche Gaudi. Es gab für mich nichts Schöneres als eine Weide mit Montafonern. Könnten Sie in die Augen einer Montafoner Kuh sehen, Sie verstünden, warum mir das Herz übergeht. In diesen Augen liegt die ganze Welt, der ganze Kosmos in Frieden vereint.

Ich könnte den Tieren stundenlang zusehen, wie sie sich lustvoll am Apfelbaum reiben, wie sie ihre hinteren Läufe in die Höhe werfen. Die Montafoner Rinder sind eine Rasse fürs Herz, es sind Rinder, zu denen eine Bäuerin und ein Bauer gehören, die eine emotionale, herzbetonte Beziehung zu ihren Tieren haben.

Später sah ich die ersten Montafoner mit entfernten Hörnern, ich hätte am liebsten geweint. Keine Rinderrasse schaut ohne Hörner so entehrt, herzerschütternd traurig aus. Dann begann man der Milchmenge wegen auch noch, Brown-Swiss, eine amerikanische Hochleistungsrasse, in die Montafoner zu züchten. Aber das ist eine andere Geschichte und hat nichts mehr mit dem original Montafoner Braunvieh mit der wunderbarsten Behornung zu tun.

Das Tuxer Rind

Das Tuxer Rind ist ein genügsames und – wie alle autochthonen Rassen in den Bergen – ein alptüchtiges Tier. Es gibt diese Rinder in Schwarz oder Rotbraun mit weißen Flecken. Die Tuxer Rinder haben einen gedrungenen, muskulösen Körper mit kurzen Beinen und starke, breite Hörner. Ihnen wird nachgesagt, dass sie nicht allein friedliebend, sondern durchaus kampflustig sind.

Eine kleine Herde kann man im Tiergarten Schönbrunn sehen, die der ehemalige Direktor Helmut Pechlaner aus seiner Heimat mitbrachte. Offensichtlich, um sein Heimweh zu stillen und zur Freude seiner Tiroler Freunde. Das Tuxer Rind erbringt trotz kargem Futter und Verzicht auf Kraftfutter eine gute Milchleistung. Mit einem Wort, ein ideales Tier für das Zillertal. Mit seinem Charakter erfreut es die Zillertaler Bäuerinnen und Bauern, und mit seiner Milch ernährt es diese noch. Das Fleisch vom Tuxer ist von höchster Qualität und sehr geschmackvoll.

Murbodner Rind

Ich kenne nur leicht cremefarbige Tiere, es soll aber auch weiße und rotbraune geben. Ein kurzbeiniges, rassiges Tier. Ein Freund von mir hielt sich einen Murbodner Stier, um die Widerstandsfähigkeit und Vitalität seiner Jungtiere in der Zucht zu steigern. Als ich einmal bei ihm zu Besuch war, sprang der 800 Kilogramm schwere Murbodner Stier, den er von den weiblichen Tieren getrennt hatte, aus dem Stand über ein 1,60 Meter hohes Gatter zur Herde. Ich war bass erstaunt von der urwüchsigen Kraft. Nicht zu Unrecht sagt man von den Murbodnern, sie springen wie Gämsen! Sie geben ganz ordentlich Milch mit einem guten Fett- und Eiweißgehalt und ihr Fleisch wird von Kennern geschätzt und gerühmt.

Galloway-Rinder

Galloway-Rinder sind eine robuste Rinderrasse, die sich bis vor unsere Zeitrechnung zurückverfolgen lässt. Der römische Dichter Titus Livius soll die ersten Galloways beschrieben haben. Galloways sind keine Milchrasse, sie sind eine reine Fleischrasse, die das ganze Jahr im Freien gehalten werden kann. Mit ihrem doppelschichtigen Fett sind sie sehr widerstandsfähig und trotzen jedem Wetter. Sie sind die idealen Rinder für eine extensive Weidewirtschaft. Die ursprünglichen Tiere stammen aus Schottland. Es gibt aber auch einen kanadischen Zweig, eine Weiterzüchtung. Diese Tiere sind etwas größer – großrahmig nennt man das.

Jedes Mal, wenn ich eine Herde Galloways sehe, muss ich innerlich lachen. Mit ihren schwarzen Wuschelhaaren sehen sie wild und verwegen aus. In eine Galloway-Herde gehört selbstverständlich ein Stier. Durch den Stier kommt Ruhe in die Herde. Aber wie auch bei den Pferden der Hengst nie das Leittier ist, ist auch bei den Rindern ein weibliches Tier die Chefin der Herde.

Bei einem Bauern, der eine Galloway-Herde hielt, bemerkte ich, dass er nie in die Herde hineinging. Wenn er etwas von einem Tier wollte, lockte er es heraus. Auf meine Frage, ob er Angst habe vor den Rindern, erklärte er mir: Galloways haben noch den Urinstinkt, mit Wölfen zu kämpfen, das haben sie im Blut. So schnell kann man gar nicht schauen, werfen sie dich auf den Boden und rollen dich vor sich her. Da gibt es kein Überleben mehr, meinte er. Naja, ich würde meinen, er hat sich zu wenig mit ihnen beschäftigt, als sie noch jung waren. Aber nichtsdestotrotz sind Galloways noch urwüchsige Tiere, bei denen die Domestikationsversuche bald wieder in Vergessenheit geraten.

Ein anderer Bauer, ein Rinderhalter mit viel Herz und Verstand, erzählte mir: Als er eine kleinere Herde von Galloway-Jungtieren auf einer Niederalm mit etwa 800 bis 1000 Meter Seehöhe – eine Mischung aus Wald und Weide – hielt, waren die Tiere binnen kürzester Zeit verwildert. Jede Woche besuchte er sie zwei Mal, brachte jedes Mal einen Leckerbissen für die Rinder mit, um die Bindung zu ihnen zu erhalten. Aber schon nach wenigen Wochen ließen sie sich nicht mehr locken und versteckten sich vor ihm. Im Herbst konnte er kein einziges mehr einfangen. Die Jäger nahmen sich dann der Tiere an.

Ein anderer Galloway-Halter, von dem ich hier erzählen möchte, ist Fred Zehetner. Er hat bei Laa an der Thaya im Weinviertel auf über 300 Hektar Galloways, die 365 Tage im Jahr im Freien verbringen, mit Unterstand bei schlechtem Wetter. Im Sommer ist das Gras auf der Weide mit viel Luzernengras das einzige Futter, im Winter füttert er Heu, Stroh und etwas Getreide, Dinkelspelzen, zu. Selbstverständlich füttert er keinen

Mais. Mais macht träge und melancholisch und ist einfach kein rindgerechtes Futter. Das Fleisch beziehungsweise das Fett von mit Mais gefütterten Tieren schmeckt abgestanden und schal. Auch Zehetner hat sein Ritual, wenn er Tiere zur Schlachtung auswählt. Er hält Zwiesprache mit ihnen und erklärt ihnen, was er tut.

Wahrscheinlich ist das Fleisch seiner Galloways das beste Rindfleisch. Es duftet nach seinen Weiden mit der frischen Luzerne, ist zart, wunderbar marmoriert und hat eine Fettabdeckung, die Sie beim Kochen, Braten oder Grillen unbedingt drauflassen sollten. In diesem Fett sind alle Geschmacksstoffe eingelagert. Es ist kein Abfallprodukt, sondern Bestandteil der Fleischveredelung. Selbstverständlich schlachtet Zehetner seine Tiere mit Sorgfalt und Respekt. Er lässt das Fleisch im Übrigen auch drei Wochen reifen. Probieren Sie es einmal und Sie werden meine Worte bestätigt finden.

Wissenswertes: Rindfleisch

Achten Sie auf die Rinderrasse, erkundigen Sie sich, wie die Tiere gehalten wurden. Kaufen Sie nur Fleisch von Rindern, die auf der Weide gehalten wurden, am besten auf Bergwiesen – wegen der Futtervielfalt, den Fettsäuren und den vielen Inhaltsstoffen. Weisen Sie Fleisch von Tieren, denen viel oder gar hauptsächlich Kraftfutter und Wachstumsförderer gegeben wurden, zurück. Kaufen Sie kein Fleisch von Rindern, die mit Soja und Maissilage gefüttert wurden.

Lassen Sie sich nicht von dem Begriff „Auslauf" täuschen. Bevorzugen Sie Fleisch von Rindern, die mit Heu und Gras gefüttert wurden. Achten Sie auf die Qualität des Fleisches, die Marmorierung, die Fettabdeckung, die Zartheit und lassen Sie sich vom leuchtenden Rot des Frischfleischs nicht blenden. Rindfleisch muss abgelegen sein, das Rot ist dann nicht mehr leuchtend, sondern stumpf. Lassen Sie sich von Ihren Augen nicht verführen!

Sie werden dann einen Rindfleischgenuss haben, der Sie, falls Sie sich nicht vegetarisch ernähren, glücklich machen wird. Denn als ich Georg Bacher fragte, was die Konsumentinnen und Konsumenten von seiner Arbeit, von seiner Einstellung hätten, antwortete er: einen warmen, zufriedenen Bauch.

Schweinefleisch

Mut zum Fragen

Kann Schweinefleisch glücklich machen? Ich habe Freunde, für die ein Schweinsbraten der Himmel auf Erden ist. Damit dies auch zu Recht so ist, sollten wir zuerst den Mut haben und einmal genau hinsehen. Wie wurden die Schweine gehalten, wie wurden sie gefüttert, bekamen sie prophylaktisch Medikamente verabreicht, um den Stress und die unwürdigen Haltungsformen zu ertragen? Hat man ihnen Leistungsförderer verabreicht, wie steht es mit der Gentechnik? 80 Prozent der Menschen lehnen Gentechnik im Essen ab, doch ist das Futter der Schweine auch GVO-frei? Das heißt, wurde im gesamten Prozess der Futterherstellung und -verarbeitung auf Gentechnik verzichtet? Es gäbe der Fragen noch viele. Gerade die Zucht und Haltung von Schweinen ist eine düstere Angelegenheit.

Schweinehaltung heute

Was landläufig mit den Schweinen angestellt wird, ist unbeschreiblich. In der Regel wird ein Pietrain, ein Hochleistungsschwein mit Muskelpaketen und Schenkeln, die einem Bodybuilder gut anstünden, mit einem Landschwein gekreuzt.

Den Pietrain benötigt man wegen seiner übermäßigen Muskeln und seinem hohen Magerfleischanteil, aber er kommt mit dem Haltungsstress bei der Mast schlecht zurande. Um die Stressanfälligkeit zu mindern, kreuzt man ihn mit dem gutmütigen Landschwein. In sechs Monaten ist alles vorbei. Also noch aus ihrer Kinderstube geht's zum Schlachthof. Was Schweine in diesem Halbjahr alles zu bestehen haben, was ihnen an Futter und Futterzusätzen zugemutet wird, kann uns beim Genuss von Schweinsbraten nicht glücklich machen.

Ein Chef eines Lebensmittelkonzerns erklärte mir einmal mit leuchtenden Augen, dass man mit den genetischen Eingriffen in der Schweinezucht schon so weit sei, dass die Schweine in einem standardisierten Maß zum Schlachthof kommen. Daher sei es möglich, die Abläufe des Schlachtens und Zerlegens vollautomatisch von Maschinen vornehmen zu lassen. Also so gesehen sind die Schweine wenigstens maschinengerecht. Sie haben zwar kein schweinegerechtes Leben und ihr Fleisch taugt unserem Wohlbefinden nicht, aber sie entsprechen allen merkantilen Anforderungen. Verabschieden Sie sich vom Fleisch aus der Schweineindustrie und sehen Sie sich um! Auch in Ihrer Umgebung gibt es Schweinehalter, die andere Wege gehen.

Vom Glück der Schweine

Schweine sind nicht nur besonders intelligent und sozial begabt, sie haben auch noch eine unbändige Lebenslust. Wer erlebt hat, wie junge Schweine im Freien herumtollen, vergisst es sein Leben lang nicht mehr. Es gibt kaum Lebewesen, die ihre Lebensfreude, ihre Spielfreude so auszudrücken vermögen wie Schweine. Wenn Sie einmal die Möglichkeit haben, einem suhlenden Schwein zuzusehen, dann haben Sie einen Begriff, wie sauwohl und zufrieden man mit sich und dem Leben sein kann.

Die Zukunft der Schweine

Nicht zuletzt unseres Genusses wegen müssen wir die hochgezüchteten modernen Schweinerassen vergessen. Die Zukunft sind Schweine, die ihr Leben im Freien verbringen, Schweine, die die Errungenschaften der Futterindustrie nicht benötigen und denen nicht prophylaktisch Medizin verabreicht wurde. Vitale, widerstandsfähige, jedem Wetter trotzende Schweinerassen also, robust und lebensfroh.

Mangalitza

In Kochbüchern aus dem 19. Jahrhundert wird geschrieben, dass die ungarischen Mangalitzas zu den besten Schweinerassen gehörten. Das Mangalitzaschwein ist eine der letzten autochthonen Rassen Mitteleuropas. Es gibt drei Mangalitzarassen: das blonde Mangalitza, das rote Mangalitza und das schwalbenbauchige Mangalitza, auch „Wollschwein“ genannt. All diese Rassen taugen natürlich nicht zur industriellen Produktion. Aber für kleinbäuerliche Betriebe, die sich der besonderen Qualität verschrieben haben, ist das Mangalitza ein Glücksfall.

Es gibt relativ viele Bauernbetriebe, die unterschiedliche Mangalitzakreuzungen haben. Mangalitzas sind wirklich schöne Tiere, die unser Auge und vor allem unser Gemüt erfreuen. Sie entwickeln sich langsam, sind genügsam beim Futter, das heißt, sie benötigen keine zusätzlichen Aminosäuren, Enzyme, Soja aus Südamerika, kein prophylaktisches Medikalfutter und keine Leistungsförderer. Sie fressen das, was es in der Region gibt. Sie lieben Stoppelfelder von gedroschenem Getreide. Solche Tiere darf man nicht eingepfercht und auf Betonböden halten.

Die Mangalitzas müssen hinaus auf die Felder, Wiesen, am besten in den Wald. Mangalitzas habe eine gute Konstitution, sie sind gesund und trotzen jedem Wetter. Sie sind in der Regel fette, zufriedene Säue. Mit ihrem Rüssel gestalten sie die Landschaft neu. Ein Freund von mir verliebte sich in die Mangalitzas so sehr, dass er in seinem großen Garten vor seinem Haus ein paar von ihnen halten wollte. Nach kurzer Zeit arbeiteten sie sein Grundstück dermaßen um, sodass es nicht wiederzuerkennen war. Einbuchtungen, Tunnels, Erdaufhäufungen, sie machten sich ihre eigenen Tümpel. Aus seinem romantischen Garten gestalteten sie in kürzester Zeit eine Schweine-Wohlfühl-Landschaft.

Das Fleisch der Mangalitzas hat selbstverständlich eine günstige Fettsäurezusammensetzung, es ist dunkler und es schmeckt unvergleichlich gut. Man kann dieses Fleisch in keinen Zusammenhang zu industriell gefertigtem Schweinefleisch stellen. Es schmeckt nach Freiheit und einem glücklichen Leben. Es gibt auch Versuche, das Mangalitza- mit dem Turopoljeschwein zu kreuzen, all das sind begrüßenswerte Bemühungen, die Qualität zu steigern, auf dass der Schweinsbraten nun wirklich zum Himmel auf Erden werde.

Schwäbisch-Hällisches Schwein

Ich erlebte einmal eine Gruppe von Schwäbisch-Hällischen Schweinen in einem Rüben- und Topinamburfeld. Wie geschickt sie die Ackerfrüchte ernteten, mit Freude und lustvollem Grunzen! Also dachte ich mir, wenn schon Fleisch gegessen werden muss, dann doch nur von Tieren, die ein gutes, interessantes Leben hatten. Ist unser Leben nicht zu kostbar für Fleisch von Schweinen, deren Existenz ein einziger Leidensweg war? Auch die Schwäbisch-Hällischen Schweine sind eine urwüchsige Rasse mit gutem Mutterinstinkt, großen sozialen Fähigkeiten und – richtig gehalten – von unverwüstlicher Gesundheit. Gerade beim Schweinefleisch müssen wir uns daran erinnern: Nur von gesunden Tieren bekommen wir gesunde Lebensmittel!

Thum-Beinschinken

Die Metzgerei Thum arbeitet mit einem biologisch wirtschaftenden Bauern, der Mangalitzas hält, zusammen. Sie verkaufen und verarbeiten das Fleisch, unter anderem auch einen Beinschinken von hinreißender Qualität. Wenn sich Ihr Gaumen, Ihre Geschmacksnerven schon zu sehr an die Geschmacksverstärker industriell gefertigter Produkte gewöhnt haben, wird es Ihnen möglicherweise anfangs schwerfallen, die urwüchsige Qualität des Thumschen Beinschinkens zu schätzen. Aber lassen Sie sich auf seine Qualität ein! Er wird Sie glücklich machen, denn dieser Beinschinken braucht keine Tricks, muss nichts kaschieren. Sogar das Fett bereitet reine Geschmacksfreude in ursprünglicher Fülle. Der Thumsche Beinschinken – mit meinen besten Empfehlungen!

Tipp: Zubereitung von Schweinefleisch

Machen Sie einfach den Versuch und kaufen Sie ein Stück derartiges Schweinefleisch, abgelegen und mit einer richtigen Fettbeschichtung. Grillen Sie das Fleisch mitsamt der dicken Fettschicht, die dann langsam wegschmilzt. Sie benötigen nur noch ein wenig Salz, denn das volle Aroma des wilden, freien Lebens, das Beta-Carotin, die unterschiedlichsten Fettsäuren, Vitamine usw. sind in der Fettschicht eingelagert und würzen beim langsamen Schmelzen das Fleisch. Ein Genusserlebnis, das Ihnen vielleicht zum ersten Mal die Augen öffnet, was Ihnen so alles entgeht. Oder besser, was Ihnen bisher alles entgangen ist. Eine Freude, die Sie nicht mehr werden missen wollen.

Lammfleisch

Ein Lammbraten macht den Sonntag

Ich liebe Lammfleisch. Ein Sonntag wird nicht zuletzt durch den Lammbraten zum Sonntag. Wenn Sie Lammfleisch kaufen, achten Sie darauf, dass das Mutterschaf in den Bergen mit täglichem Weidegang gehalten wurde. Immer mehr Bergbäuerinnen und -bauern halten Schafe, denn diese Tiere pflegen wunderbar die steilsten, unzugänglichsten Wiesen. Schafe sind friedliche, dem Menschen zugetane Tiere. Ein Freund von mir hat 15 Jahre lang jeden Arbeitstag Lammfleisch gekocht. Mit seiner „Variation Zweierlei" vom Lamm ist er berühmt geworden. Aber die Qualität des Lammessens hing naturbedingt von der Qualität des Lammfleisches ab. Gerade beim Lammfleisch können beim Kochen die Haltung und Fütterung nicht kaschiert werden.

Villgraten

Villgraten – ein wunderbares Alpental in Osttirol, weltabgeschieden und inmitten völlig intakter Natur. Hier haben sich Herr Schett und sein Mitstreiter in den 1980er-Jahren zusammengetan, um eine optimale Schafzucht anzugehen. Heute haben sie eines der besten Lammfleische und eine qualitätsvolle Lammfleischverarbeitung. Sie bieten neben dem Lammfleisch noch hervorragende Lammwürste und Lammschinken in nicht zu überbietender Qualität an.

Tauernlamm

Noch davor, in den 1970er-Jahren, haben sich im Oberen Pinzgau im Land Salzburg Bäuerinnen und Bauern um Herrn Zehetner zur „Tauernlammgemeinschaft“ zusammengetan. Heute ist diese erfolgreiche Vermarktungsgemeinschaft schön angewachsen. Bäuerinnen und Bauern aus dem Pinzgau und dem Pongau, alle in den Hohen Tauern und die meisten im oder unmittelbar um den Nationalpark gelegen, betreiben eine qualitativ hochwertige Schafzucht. Neben Lammfleisch werden von ihnen auch Lammwürste und Lammschinken hergestellt.

Das beste Almfleisch kommt von der Almhaltung. Das beste Futter, das reinste Wasser und viel, viel Bewegung halten die Schafe gesund und vital. Wie bei allen Tieren gilt auch bei den Schafen: Langsames Wachsen ist wichtig! Alles, was schnell wächst, hat keinen Bestand. Es dient nur der Gier! Und das Lammfleisch muss abgehangen sein. Man muss dem Fleisch Zeit zum Reifen geben. Wenn Sie so ein Fleisch auf den Tisch bekommen, wird Ihr Genuss vollkommen sein.

Rezept: Gedämpfte Milchlammschulter

Zutaten:
1 Milchlammschulter (mit Knochen, jedoch ohne Stelze)
Butter

Zum Dämpfen:
10 schwarze Pfefferkörner
10 Wacholderbeeren
3 Lorbeerblätter
1 Thymianzweig
1 Rosmarinzweig
4 angedrückte Knoblauchzehen
1 halbierte Zwiebel in der Schale
1 halbe ungespritzte Zitrone
1/8 l Weißwein
Wasser

Zubereitung:
In einen passenden Dämpfer die Gewürze, Weißwein und das Wasser geben. Die gepfefferte Milchlammschulter (ungesalzen!!!) auf ein Gitter setzen und über dem Wasserdampf weich dämpfen. Die weich gedämpfte Schulter herausnehmen und vom Knochen lösen. Die Fleischstücke in Butter goldig aufglasieren und dabei ständig mit dem abgeseihten Würzfond angießen – um einen schönen Saft zu bekommen. Erst jetzt leicht salzen.

Als Beilagen empfehle ich: Zwiebelkonfitüre, Erdäpfelpüree, Schaffrischkäse.

Hühner

Vom Stress der Hybridhühner

Wie bei allen sogenannten Nutztierhaltungen haben auch die Hühner einen ordentlichen Stress. Kaum auf der Welt, werden sie 32 Tage später schon geschlachtet. Wo doch ein urwüchsiges Huhn, seiner Art entsprechend gehalten, zirka 15 Jahre alt werden kann. Schnell reifend, ist der Terminus technicus und steht verschämt für schnell gemästet.

Aber von welchem Genuss ist hierbei die Rede? Das Fleisch von solchen Tieren macht nur den Bauch voll, aber es macht keinen warmen Bauch. Wann haben Sie Ihre letzte Hühnersuppe gekocht? Von den Blitz-Hybridhühnern, die nach nicht ganz fünf Wochen, im Bio-Bereich nach sieben bis acht Wochen, schon auf die Schlachtbank wandern, werden Sie keine ordentliche Hühnersuppe machen können. Das ist sehr schade, denn eine richtige Hühnersuppe stärkt einen und ist die beste Genesungsspeise.

Für die Hühner, die im Handel erhältlich sind, konventionell oder biologisch gehalten, haben weltweit zwei Konzerne das Monopol, das heißt, eine Art Patent auf die Küken. Diese Hühner sind Hybridrassen, damit eine Bäuerin oder ein Bauer nicht auf die Idee kommt, die Zucht selber in die Hand zu nehmen. Abhängigkeit ist hier das Thema. Alle diese gängigen Rassen sind schnell reifende Rassen. Auch wenn Biohühner im Gegensatz zu konventionell gehaltenen Hühnern fast die doppelte Mastzeit benötigen, sind es trotzdem schnell reifende Hybridrassen. Sollte unsere Nahrung aus Hybriden mit merkwürdigen Rassebezeichnungen wie JA457 bestehen?

Sulmtaler – ein noch ursprüngliches Huhn

Eine traditionelle Hühnerrasse sind die Sulmtaler Hühner. Sie sind wunderschöne Tiere, langsam wachsend. Im Gegensatz zu den Hybridrassen mit einer Lebensdauer von 32 Tagen leben sie sieben Monate lang auf der Wiese. Dort scharren sie und halten die Wiese von Schädlingen frei. Und fressen alles, was ihnen den lieben Tag auf der Wiese Lust macht.

Das Sulmtaler ist ein sehr widerstandsfähiges Huhn, dem unser Wetter nichts anhaben kann. Nur bei Neuschnee, das ist meine Beobachtung, sind die Hühner orientierungslos – ich glaube, Hühner sind schneeblind. Der ideale Aufenthalt ist die Obstwiese. Erblickt man die Sulmtaler zwischen den Bäumen scharrend, lacht einem das Herz. Die Sulmtaler legen etwa 150 Eier im Jahr und sie haben, richtig gehalten und gefüttert, ein außerordentlich zartes Fleisch.

Die Sulmtaler werden mit regionalem heimischen Futter versorgt. Kein Soja – für eine Sulmtaler Henne muss kein Regenwald geopfert werden, sie braucht keinen globalen Handel und auch kein Silagefutter. Die Sulmtaler Züchter lassen den Tieren Zeit und Muße – durch das langsame Wachstum und das hühnergemäße Leben ist das Fleisch von höchster Qualität. Eine Sulmtaler Henne wiegt mindestens 2,8 Kilogramm, ein Kapaun 3,5 Kilogramm. Da lässt sich ein ordentliches Festessen fertigen.

Altsteirische Hühner

Neben den Sulmtaler Hühnern gibt es die Altsteirischen Hühner. Sie sind eine etwas kleinere Landhuhnrasse mit ähnlichen Qualitäten wie die Sulmtaler. Altsteirische Hühner sind ein Erbe der Monarchie mit Rasseeinflüssen von Paduanern beziehungsweise norditalienischen Hühnern. Das Altsteirische Huhn gibt es weiß und wildbraun. Die weißen sind etwas größer und schwerer. In ihrer Bewegung wirken sie elegant, ja sogar erhaben.

Die wildbraunen Altsteirer sind etwas kleiner, aber sehr vital. Beide haben hervorragendes, zartes Fleisch und eine gute Legeleistung. Die Altsteirischen Hühner sind eine klassische, urwüchsige Landhuhnrasse. Leider bringt uns der Hybridhuhnwahn um dieses wunderbare Huhn. So müssen wir jedem Züchter alter Rassen dankbar sein. Züchter erhalten alte Kulturen und retten uns vor der Genussverarmung.

Rezept: Hühnersuppe

Eine Hühnersuppe kann nur mit einem Huhn gemacht werden, das fett ist und gute zwei Kilogramm hat. Legen Sie das Huhn in lauwarmes Wasser, sodass es gut bedeckt ist, und lassen Sie es köcheln, bis es weich ist. Das Gemüse geben Sie erst im letzten Drittel der Kochzeit dazu, zum Beispiel Sellerie, Stangensellerie, halbierte, ungeschälte Zwiebel, Porree, Knoblauch, Petersilienwurzel, Fenchel etc. Wenn das Huhn gar ist, legen Sie für zirka zehn Minuten ein Büschel Petersiliengrün in die Suppe. Dann nehmen Sie die Petersilie gemeinsam mit dem Gemüse heraus, würzen Sie mit ausgedrückten Wacholderbeeren, Pfefferkörnern, Lorbeerblättern und geben Sie erst beim Servieren das Salz dazu. Was für ein Genuss!

Rezept: Hühnersuppe für Rekonvaleszente

Zutaten:
1 Huhn
Suppengemüse
Pfeffer
Kümmel
Zimt
Nelken
Kardamon
Koriander
1 l Wasser

Zubereitung:
Nehmen Sie ein richtig fettes Huhn und lassen Sie es lange im Sud kochen, sodass die Suppe sehr kräftig wird, sie ist dann fast eine Essenz. Das Fleisch ist nach dem langen Kochen sogar für Hunde und Katzen ungenießbar. Im letzten Drittel der Kochzeit Suppengemüse und die Gewürze dazugeben. Salzen erst zum Abschluss! Ein Überlebensrezept, das Rekonvaleszente wieder ins Leben bringt!

Gänse

Wie die Römer den Gänsen verfielen

Gänse sind äußerst kluge, stolze Tiere. Gänse im Frühsommer mit ihren Jungen im Teich zwischen den Seerosen schwimmen zu sehen, ist etwas Erhebendes. Schon nach zwei Wochen führt die Mutter die Jungen zum Wasser. Bei den Römern wurden die Gänse lange Zeit für heilig gehalten, als Retter des Kapitols vor den Galliern. Erst als die Gallier besiegt wurden, verfielen auch die Römer den Gänsen. Von den Galliern, für die die Gänse Delikatessen waren, lernten die Römer, die Gänseleber zu lieben. Die Gänse wurden mit Feigen und Öl gefüttert, um besondere Gänseleberqualitäten zu bekommen.

Hände weg von Stopfgänsen

Wir überlassen nichts dem Zufall und haben für unsere Gänse das Speiserohr entwickelt. Augen auf beim Ganskauf! Hinterfragen Sie und verweigern Sie den Kauf von Stopfgänsen. Egal, wer auch immer das Hohe Lied der Humanität beim Stopfvorgang singt, glauben Sie ihm kein Wort. Das Stopfen von Gänsen ist ein übler Vorgang.

Die Gänse werden drei Mal täglich bis zu vier Wochen gewaltsam gestopft. Dazu wird den Gänsen ein Rohr durch den Schlund in die Speiseröhre geführt und der Futterbrei in den Magen gepresst, oft mittels Druckluft. Gänse können sich nicht übergeben, so wird ihr Körper gezwungen, diese übermäßige Menge an Futter zu verarbeiten. Gestopft wird meines Wissens in Frankreich, Belgien, Rumänien, Bulgarien und Ungarn.

Immer wenn Köche zu bequem sind, sich für Sie anzustrengen, sich anbiedern wollen oder eine kreative Not haben, kommt die Gänseleber ins Spiel. Das ist der Moment, in dem Sie die Speisekarte behutsam auf die Seite legen und ohne zu zögern die Flucht ergreifen sollten. Spätestens jetzt, wenn Sie die Gänseleberbestellung tätigen, erweisen Sie sich als ahnungsloser Möchtegern-Gourmet, für den es sich nun wirklich nicht lohnt, sich besonders anzustrengen. Es ist doch immer wieder erstaunlich, dass gerade Spitzenköche am unkritischsten sind, wenn es um Lebensmittelqualität geht. Eine Speise, die der Tierquälerei entspringt, kann nicht Ihrem Wohl und Ihrem Genusssinn entsprechen.

Landgänse

Vertrauen Sie den Landgänsen, einer Gänseart, die schon im Mittelalter aus den Graugänsen gezüchtet wurde. Vor 30 Jahren war die Landgans noch weit verbreitet. Auf Bauernhöfen wurde eine Schar Gänse gehalten, an deren Eigenarten man sich nicht sattsehen konnte und deren Merkwürdigkeiten einen stets belustigten. Diese Schar verzauberte jeden Bauernhof und Gänse können es in puncto Wachsamkeit mit jedem Hund aufnehmen. Kaum nähert sich ein Fremder dem Hof, geht das Geschnatter schon los. Anders als bei den meisten Hunden kann man die Aufregung nicht mittels Befehl abstellen.

Landgänse sind eine wetterfeste, robuste Rasse. Achten Sie darauf, dass sie im Freien auf der Weide gehalten worden sind, und hinterfragen Sie, wie sie gefüttert wurden! Dann wird Ihr Gänsebraten zu einem Festtagsessen.

Einkauf und Zubereitung von Gänsen

Eine Gans soll zwischen 3,5 und 5,5 Kilogramm haben. Kaufen Sie keine Gans, bei der die Innereien fehlen! So wie die Bäuerin, der Bauer den Gänsen viel Zeit ließ, benötigen Sie auch beim Braten viel Zeit und Geduld.

Fisch

Ist Fisch wirklich gesund?

Wir sollten jede Woche zwei Mal Fisch essen. Wegen der Omega-3-Fettsäuren, dem günstigen Fettsäuremuster und weil er einfach fantastisch schmeckt. Gemeinhin heißt es ja, „Fisch ist gesund“. Ist es nun wirklich so? Ja, Fisch sollten wir öfter essen. Doch wenn ich mir die Bedingungen genau ansehe, unter denen die Fische aus dem Meer geholt werden, oder mir vergegenwärtige, wie es in der Aquakultur zugeht, graut mir vor der Fischspeise. Eine mit allen technischen Finessen hoch aufgerüstete Armada von Hochseefischfabriken plündert rücksichtslos die Meere und schreckt in ihrer blinden Gier nicht einmal vor den Jungfischbeständen zurück. Zudem weisen viele Meeresfische oft eine sehr hohe Schwermetallbelastung auf, vor allem das unser Nervensystem beeinträchtigende Quecksilber.

Fischfang heute

Bis vor Kurzem konnten wir noch in dem Bewusstsein leben, dass, was auch immer wir auf der Erde anstellen, nicht so tragisch sei, da unsere Ernährungszukunft sowieso im Meer liege. Ob die Fische der Weltmeere uns jedoch auch in Zukunft noch zur Verfügung stehen, ist sehr zu bezweifeln.

Wie geht nun der Fischfang heutzutage eigentlich vonstatten? Auf küstennahen Fischmärkten werden die Fische in der Regel von ortsansässigen Kleingewerbe-Fischern gefangen.

Doch die Meere in der Nähe der Küste sind oft schon leer gefischt. So wird in der Touristenhochsaison Fisch von der industriellen Hochseefischerei, die ihrerseits wieder die Meere mit riesigen Schleppnetzen von geringer Maschengröße leer fischt, zugekauft. Bei diesem Vorgang werden nicht nur die Jungbestände mit ausgerottet, es gibt auch ordentlichen Beifang.

Mit dem harmlosen Ausdruck „Beifang" wird alles bezeichnet, was in der normierten Fischverarbeitung nicht verwendet werden kann, wie Delfine, Haie, Meeresschildkröten, Wasservögel und vieles mehr. Jährlich gehen weltweit um die 20 Millionen Tonnen Beifang in die Netze. Aus diesem Beifang und den Fischabfällen wird, unter anderem, proteinreiches Fischfutter hergestellt, das in Aquakulturen verfüttert wird.

Von einem kleinen Fischer am Meer, der noch mit seinen Netzen ausfährt, kann man unbedenklich Fische kaufen. Außer – und das ist gerade in Griechenland oft vorgekommen – er fischt mit Dynamit.

Aquakulturen

Es gibt Meeres-Aquakulturen und Binnenwasser-Aquakulturen. In den Meeres-Aquakulturen werden inzwischen die am häufigsten gefragten Meeresfische gezüchtet. Hier geht es oft zu wie in den wüstesten Schweinemastbetrieben. Auch hier muss mit Medikalfutter gearbeitet werden, um die Fischbestände am Leben zu erhalten. In den Binnenwasser-Aquakulturen läuft es meist etwas humaner ab, inzwischen gibt es auch alternative Formen der Fischzucht. Aber bei beiden Formen wird das oben beschriebene Fischfutter eingesetzt. Deshalb habe ich auch hier Hemmungen, diese Fische zu empfehlen.

Wissen Sie, woher Ihr Fisch kommt?

Um ehrlich zu sein, gibt es bei uns zu „wilden“, nicht zur Fischzucht eingesetzten Fischen aus Seen und Flüssen, die nicht gefüttert werden, keine Alternative. Aus ethischen Gründen, aber nicht zuletzt aus Genussgründen: Diese Fische schmecken einfach viel, viel besser.

Grundsätzlich gilt, dass es in jedem größeren See Fische gibt. Erkundigen Sie sich und gehen Sie auf Entdeckungsreise. Aber Vorsicht – auch Fischerinnen und Fischer vor Ort können Ihnen einen überständigen, alten Fisch andrehen. Schauen Sie genau hin! Oft wird so getan, als ob die angebotenen Fische aus dem See wären, bei genauerem Hinterfragen erfahren Sie dann, dass sie aus einer Fischzucht oder von einem Fischhändler stammen.

In einem Fischgeschäft, in das ich öfter gehe, wurde ich letzthin mit den Worten begrüßt: „Wir haben heute keinen Fisch“, obwohl das Geschäft prallvoll mit den unterschiedlichsten Fischen war. Die Kundinnen und Kunden sahen irritiert zuerst mich, dann die Verkäuferin an. Die Begrüßung war wohl Konsequenz meines hartnäckigen Hinterfragens bei jedem Kauf, woher der Fisch stammt und wann er gefischt wurde. Darüber hinaus hatte ich jedes Mal wortreich erklärt, warum ich keinen Fisch aus einer Zucht möchte.

Das Geheimnis von gutem Fisch

Aus meiner eigenen Erfahrung kann ich nur bekräftigen, dass Qualität und Bekömmlichkeit eines Fisches von folgenden Faktoren abhängen: von der absoluten Frische, der Reinheit des Gewässers und vom Futter. Wilde Fische benötigen unsere Hilfe nicht, sie suchen sich ihr Futter selbst.

Mit den Jahren habe ich tatsächlich eine Fischallergie entwickelt, die sich körperlich heftigst bemerkbar machte. Bis mich ein

Freund vor ein paar Jahren zum Fischessen einlud. Ich lehnte ab, verwies auf meine Allergie, doch er meinte nur: „Mach dir keine Sorgen, probier mal." Mutig griff ich zu und hatte keinerlei Probleme mit meiner Allergie. Das Geheimnis war bald gelüftet: Ein frisch gefangener Fisch aus einem heimischen See mit Trinkwasserqualität schenkte mir einen unbeschwerten Genuss. Und zusätzlich – wie es so schön heißt, muss der Fisch ja auch in unserem Bauch schwimmen – hat mich der Genuss eines fabelhaften Weißweins glücklich gemacht.

Fischprojekte in Österreich

Wir können optimistisch in die Zukunft sehen, denn was sich bei uns in Sachen Fisch tut, macht Freude. Es gibt einige Fischinitiativen. Zwei davon möchte ich vorstellen.

„Wildfang"

Die erste Initiative ist die der Österreichischen Bundesforste unter dem Namen „Wildfang". Unter dieser Marke werden Fische aus dem idyllischen und ökologisch intakten Salzkammergut angeboten, die nicht gezüchtet und nicht gefüttert werden. Die Fische sollten zumindest zwei Jahre alt sein und ihr Fischleben in den trinkwasserreinen Gewässern des Salzkammerguts verbracht haben.

Sie werden am Tag des Fangs geliefert oder in Handarbeit verarbeitet, das heißt, geräuchert. Dass die Fische zumindest zwei Jahre alt sind, wird durch die Maschengröße der Fischernetze gewährleistet. Netze zwischen 38 und 48 Millimeter lassen den Jungfischbesatz unbehelligt.

Im Winter sind keine frischen „Wildfang"-Fische erhältlich. In dieser Zeit haben die Fische Schonzeit. Etwa 70 Prozent der

Fische werden frisch verkauft, der Rest wird geräuchert. Die Fische kommen aus dem Grundlsee, dem Hallstättersee und der Traun. Angeboten werden Hallstatt-Reinanke, Krungil-Seesaibling, Seeforelle und Traunforelle.

„Wilder Fisch“

Eine andere Initiative trägt den Namen „Wilder Fisch“. Die Initiatoren sind die Soravia-Brüder Hanno und Erwin. Große Genießer vor dem Herrn, am Millstätter See in Kärnten zu Hause, hatten sie eines Tages genug von Fischen, die durch halb Europa gekarrt werden und schon drei bis vier Tage alt sind, bis sie auf den Teller kommen. Bonvivants und Tatmenschen, schritten sie mit dem Gedanken zur Sache, dass sie in der wunderbarsten landschaftlichen Idylle, an einem See mit Trinkwasserqualität leben, in dem vom Stift Millstatt schon seit bald 1000 Jahren gefischt wird.

Der Millstätter See ist ein Juwel in den Alpen, gelegen auf einem Hochplateau, im Süden begrenzt von Wäldern, im Norden von bis zu 2000 Meter hohen Bergen. Der See ist zwölf Kilometer lang und bis zu 140 Meter tief. Er ist der wasserreichste See Kärntens. Aus diesem Paradies beglücken uns die Soravias mit Fischen wie Barsch, Hecht, Reinanke, Schleie, Waller, die uns ein Genusserlebnis bereiten.

Fische: Eine persönliche Selektion

Die unten stehenden Fische sind durch die vorgestellten Projekte „Wildfang“ und „Wilder Fisch“ im lokalen Handel beziehungsweise in Restaurants der Spitzengastronomie erhältlich.

Traunforelle

Forellen sind Raubfische und können zuweilen bis zu einem Meter hoch über das Wasser springen, auch wenn es nur ein Hechten nach Insekten ist. Unvergesslich für jeden, der das einmal erlebt hat. Die Traunforelle wird etwa 20 bis 30 Zentimeter groß und kann bis zu fünf Kilogramm wiegen, das ist aber eher die Ausnahme. Sie hat ihre Plätze in einer geschützten Einbuchtung eines schnell fließenden Flusswassers.

Seeforelle

Die Seeforelle ist ein Wanderfisch, der die tiefen, sauerstoffreichen Seen bevorzugt. Sie kann bis zu 80 Zentimeter groß werden, einzelne Exemplare noch größer. Im Herbst gefangene Forellen haben weit weniger Wohlgeschmack als die im Mai, Juni oder Juli gefischten. Daher ist Forelle blau im Frühjahr beziehungsweise Frühsommer ein besonderer Genuss!

Hallstatt-Reinanke

Die Reinanke liebt auch die tiefen Seen. Unlängst aß ich mit Freunden eine Reinanke, die 60 Zentimeter groß war und sicher um die drei Kilogramm schwer. Wir bekamen sie in der Salzkruste serviert, ein Hochgenuss! Alle am Tisch waren beglückt, und wir ließen sie natürlich auch im Bauch ordentlich schwimmen. So zubereitet, behält die Reinanke ihren ausgeprägten Eigengeschmack, das Fleisch ist zart und doch fest. Es ist ein leichtes Essen, von dem Sie gesättigt und doch frei von Völlegefühl aufstehen.

Krungil-Seesaibling

Um den Seesaibling wirklich schätzen lernen zu können, sollten Sie einen Vergleich zwischen Zucht- und Seesaibling anstellen, und Sie werden nie mehr von einem Zuchtfisch verführt werden können. Da liegen wirklich Welten – Genusswelten – dazwischen. Aber wie bei allen Fischen gilt auch – und besonders – beim Saibling: Die Frische bringt die Qualität, die Ihnen höchstes Glück beschert.

Schleie

Die Kochbücher im 18. Jahrhundert nannten diesen Fisch minderwertig. Warum, ist mir ein Rätsel. Ich liebe diesen Fisch. Wann immer es mir gelingt, an eine Schleie zu kommen, kann ich nicht widerstehen. In der Literatur wird berichtet, er habe wenig Gräten. Aus meiner Erfahrung kann ich nur sagen: Das Einzige, was den Genuss schmälert, sind die unglaublich vielen Gräten. Das Fleisch ist weich und zart, und obwohl er mit dem Karpfen verwandt ist, ist dieser Fisch bei Weitem schmackhafter. Eigentlich vom Genuss her nicht vergleichbar. Von Fischliebhabern höre ich, dass sie die Schleie am liebsten gebraten mögen, ich bevorzuge sie gedünstet. Diese Art der Zubereitung ist schonend und unterstreicht das eigene Aroma der Schleie.

Barsch

Er liebt klares und kaltes Wasser. Das Fleisch vom Barsch ist weiß und schmeckt angenehm. Auch er hat leider viele Gräten. Lassen Sie sich Zeit beim Essen und zerlegen Sie den Barsch sorgfältig, dann wird er Ihnen viel Freude bereiten. Auch für den Barsch gilt wie für andere Fische: Die Frische ist es. Zwischen Fangen, Töten und Zubereiten sollte so wenig Zeit wie möglich liegen.

Hecht

Der Hecht ist ein wilder Kerl, ein Raubtier mit zirka 700 spitzen Zähnen. Die Ein- bis Zweijährigen sind olivgrün. Am besten sind die zwei bis zweieinhalb Kilogramm schweren Hechte. Dann ist das Fleisch zart und mager, während ältere Tiere oft trocken und grobfasrig sind. Die Hechtleber ist eine wahre Delikatesse. Gerade für den Hecht gilt, ihn unmittelbar nach dem Töten zuzubereiten. Seine außerordentliche Geschmacksqualität geht schnell verloren. Ein Hecht im Ganzen, also nicht filetiert zubereitet, ist immer etwas ganz Besonderes. Ein unvergesslicher Genuss.

… und mehr

Selbstverständlich sind die von mir angeführten Fische nur eine kleine Auswahl – Fisch, mit dem ich Erfahrung habe. Gehen Sie selbst auf Entdeckungsreise, hinterfragen Sie und erfahren Sie das Glück von gutem Fisch.

Die richtige Zubereitung von Fisch

Wären da nicht die Imponderabilien beim Kochen. Fisch zuzubereiten ist das Einfachste der Welt und wie alles Einfache zugleich auch das Schwierigste. Mein Gott, wie oft habe ich schon vom Kochen ruinierten Fisch serviert bekommen. Meist wird von Fischkochpfuschern das Fischeiweiß zerstört und der Fisch ist dann trocken und in Wirklichkeit ungenießbar. Mühen Sie sich bitte keine Sekunde mit diesem Fisch ab, sei das Restaurant auch noch so nobel. Schicken Sie den Fisch zurück und den Koch auf eine Fischzubereitungsschule.

Fisch kochen

Wichtig ist, den Fisch in lauwarmes Wasser mit etwas trockenem Wein zu geben. Aufkochen lassen und dann bei niedriger Temperatur weiter kochen lassen, um zu verhindern, dass das Eiweiß austritt. Gewürze und eventuell Gemüse erst in der zweiten Hälfte des Kochvorgangs dazugeben. Erst beim Servieren salzen.

Fisch dämpfen

Gewürze, Gemüse, Kräuter, Wasser und Wein nur bis zum Gitterrost auffüllen, den Fisch auf den Rost geben und zugedeckt dämpfen.

Fisch braten

Den Fisch auf der Hautseite mit etwas Olivenöl und wenig Butter in der Pfanne braten, wenn möglich, nicht wenden. Um das Fett durchzugaren: Die Pfanne im vorgeheizten Rohr auf ein Gitter stellen.

Um Fische richtig zuzubereiten, braucht man Zeit und Aufmerksamkeit, Fingerspitzengefühl, Erfahrung und die Liebe zum Detail. Nebenbei geht beim Fischkochen gar nichts. Mir sind mit wenigen Ausnahmen blau aufgetragene Fische am liebsten. Sie sind bekömmlicher, schmecken besser und sind saftiger.

Wissenswertes: Fischkauf

Beim Fischkauf ist zu beachten:

1. *Ein angenehmer, frischer Fischgeruch.*
2. *Das Fleisch darf nicht weich sein. Wenn man mit dem Finger auf den Fisch drückt, sollte das Fleisch eine gewisse Spannung haben.*
3. *Der Fisch darf keine blassen, sondern muss frisch-rote Kiemen haben.*
4. *Die Fische müssen klare Augen haben.*
5. *Kaufen Sie niemals Fisch während seiner Laichzeit, dann ist das Fleisch des Fisches wenig schmackhaft. Hände weg!*
6. *Ältere Fische haben eher grobes Fleisch, zu junge haben zu viele leimartige Substanzen und schmecken dann auch nicht wirklich gut.*
7. *Als Faustregel gilt: Das Fleisch von Raubfischen ist das bessere.*
8. *Kaufen Sie keine Filets, sondern nach Möglichkeit den ganzen Fisch! Daran erkennen Sie alle nötigen Merkmale.*

Gemüse und Kräuter

Vom Glück des Gärtnerns

Gemüse anzubauen – vom Kultivieren der Erde über das Saatgut und die Setzlinge bis hin zum fertigen Gemüse – ist der unmittelbarste Zugang zur Natur und stellt jede noch so erfahrene Gärtnerin vor ständige Rätsel. Kaum ist eines gelöst, tun sich schon dutzende neue auf. Gärtnern schenkt Stunden voller Wonne und bereitet Momente voller Pein.

In meiner Jugend kümmerte ich mich um zwei Damen, beide über neunzig Jahre alt, die erstaunlich rüstig und voll geistiger Frische waren. Auf meine Frage, was das Geheimnis ihrer stabilen Gesundheit sei, meinten sie lakonisch, aber mit Leuchten in ihren Augen: „Wir haben unser Leben lang unser Gemüse selbst angebaut und wir haben immer viel erntefrisches Gemüse gegessen. Wenn beim Zubereiten der Salate beim Schnitt noch die Milch austritt – das ist das gesündeste Essen." Ihre Passion, den Garten zu bestellen, machte sie Jahr für Jahr glücklich und zufrieden. Das frisch geerntete Gemüse erhielt sie gesund.

Bei Bauerngärten, in denen Gemüse und Blumen kreuz und quer stehen, geht doch unser Herz auf. Wir empfinden große Freude. Beim Ziegenkäse erwähnte ich bereits meinen Freund Markus Schörpf. Seine Frau hat einen Garten vor ihrem Haus, in dem die unterschiedlichsten Rosen und das Gemüse wild ineinanderverwoben wachsen und blühen. Ein unbeschreiblicher Eindruck! Beim bloßen Hinsehen werde ich von Glück erfüllt. In meinem Gemüsegarten ließ ich immer wieder die Kulturpflanzen auswachsen und blühen. Einmal war es ein Beet Radicchio, er wuchs mannshoch aus und erblühte in wunderbarstem Wegwartenblau. Jeder Gang in den Garten wurde ein Gang in ein verzaubertes Märchenland. Und was im Garten geschieht, hat selbstverständlich Auswirkungen auf die anderen Pflanzen, aber auch auf alles, was fliegt, kriecht und geht.

Das Flüstern der Pflanzen

Inzwischen gehört es zum Allgemeinwissen, dass Pflanzen miteinander kommunizieren, einander unterstützen und helfen. Ich denke, dass die Pflanzen auch mit dem kommunizieren, der sie pflegt, und dass sie uns nicht nur über die optischen Reize glücklich machen, nein, auch durch ihr Flüstern mit uns. Ob die Pflanzen ein Bewusstsein haben, weiß niemand so genau, aber dass sie mit uns im Gespräch sind, weiß jeder, der mit ihnen lebt. Sagt man von jemandem, er habe einen grünen Daumen, heißt das doch nichts anderes, als dass er eine gute Gesprächsbasis mit seinen Pflanzen hat.

Gemüse ist gesund

Also, erstens, Pflanzen können uns glücklich machen, und zweitens lehren uns die US-Amerikaner in ihrem Kampf gegen die Fettleibigkeit und ihrer Suche nach der ewigen Jugend: Iss jeden Tag drei bis fünf verschiedene Gemüse. Gemüse als Vademekum und Helfer in der Abwehr diverser Zivilisationskrankheiten, als Schutz- und Regenerierungskraft. Was ist aber das Geheimnis der Pflanzen, das Geheimnis ihrer Wirkung auf uns?

Es besteht eine Analogie zwischen dem Stoffwechsel der Pflanzenzelle und unseren Zellen, allerdings mit einem großen Unterschied: Im Gegensatz zur menschlichen Zelle ist die pflanzliche Zelle in der Lage, die Sonnenenergie in Lebensenergie umzuwandeln und zu speichern. Die Pflanzen haben die Fähigkeit, die Energie des Sonnenlichts in der biologischen Vitalität zu speichern. Wir brauchen die pflanzlichen Vitalstoffe, mehr noch, wir sind auf sie angewiesen. Die pflanzlichen Enzyme sind es, welche die in den Pflanzenpigmenten gespeicherte Sonnenenergie in Lebensenergie umwandeln. Vor allem pflanzliche Bio-Aktivstoffe, wie Chlorophyll, Carotinoide und so weiter, haben eine schützende und regenerierende Wirkung. In Pflanzen und speziell im Gemüse gibt es Hunderte davon, die in einer komplexen Vernetzung zueinander stehen.

Aber Gemüse und natürlich auch Obst beinhalten noch weit mehr: Vitamine, Folsäure, Mineralien, Spurenelemente, Biopolymere wie Nukleinsäuren, Aminosäuren, Enzyme, Fettsäuren, Ballaststoffe. All diese Stoffe formen ein organisches Gebilde. Sie wirken in einer Art Selbstorganisation zusammen, bilden Strukturen und Ordnung. Eine unsichtbare Kraft formt die Stoffe zu Strukturen, Zellen, Gewebe. Erinnern wir uns, was uns nährt, gesund erhält, am Leben hält: „Das Aufsaugen von dynamischen Ordnungen aus unserer Umwelt“, wie es der Physiker Erwin Schrödinger beschreibt.

Von der Monokultur zur Sortenvielfalt

Vor nicht so langer Zeit hatten Bäuerinnen und Bauern ihr eigenes Saatgut, tauschten es mit ihren Nachbarn und Kollegen aus. Heute ist das Wissen der Vermehrung, das Wissen des standortbezogenen Saatguts auf den Höfen verloren. Diese spezifische Intelligenz wanderte von der Bäuerin weg zur Industrie, zu den Konzernen. Das Wissen dient nicht mehr der optimalen standortbezogenen Qualität, sondern der Erzielung maximaler Erträge. Die Logik der Natur weicht der Logik der Monokulturen. So geht die Ernährungssouveränität unserer Bäuerinnen und Bauern langsam verloren.

Nur wir als Konsumentinnen und Konsumenten können diesen Trend umkehren, indem wir nach Sortenvielfalt Ausschau halten und bei diesen Anbietern unser Geld einsetzen. Dies ist die effektivste Willenskundgebung. Nur so erhält sich Vielfalt. Erfahrene Menschen in der Sortenerhaltung sagen mir, die Lust zur Vielfalt sei bei den Hausgärtnerinnen größer als bei den professionellen Gärtnerinnen. Geben wir den Gärtnerinnen und Bäuerinnen Mut zur Sortenvielfalt und uns eine Chance auf Genussvielfalt.

Vom richtigen Umgang mit Pflanzen

Damit sich eine Pflanze ihrer Art gemäß entwickeln und entfalten kann, braucht sie den geeigneten Standort beziehungsweise Boden, die nötigen Nährstoffe, das richtige Klima, eine entsprechende Umwelt und gärtnerisches Geschick. Aber im erwerbsmäßigen Gemüseanbau herrscht oft Kriegszustand. Die Gärtner sind in höchster Anspannung, die Nerven liegen blank, sie kämpfen gegen Blattfäule, Mehltau und Schädlinge aller Art, die die Monokulturen bedrohen. Mit einem Wort, es wird Krieg geführt. In dieser destruktiven, aggressiven Umwelt wächst unser tägliches Gemüse heran. Ist so ein Gemüse förderlich für unser Wohlbefinden, unsere Gesundheit?

Grundsätzlich bin ich gegen den Einsatz von Pestiziden und schnell löslichem Stickstoffdünger. Ich bin überzeugt, dass wir nicht nur die Pflanzenschutzmittel, sondern auch die dahinterliegende destruktive und aggressive Einstellung mit dem Gemüse aufnehmen und dass es in uns seine Wirkung hat. Definitiv macht ein so herangewachsenes Gemüse uns nicht glücklich. Doch wenn das Gemüse, das Obst für uns lebensnotwendig ist und es uns glücklich machen, womöglich auch noch gesund erhalten soll, was ist die Alternative?

Zeit zum Reifen

Wichtig ist, einer Pflanze die Möglichkeit zu geben, sich ihrer Art gemäß zu entfalten. Wird sie mit Dünger getrieben, lässt man ihr keine Zeit, ihre ganze Reifekraft auszubilden. Dadurch wird aber den Pflanzen die Möglichkeit geraubt, uns optimal zu ernähren. Der Volksmund weiß es, und als Kind hat mich meine Großmutter immer ermahnt: „Iss nur reifes Obst." Die wenigsten sind sich darüber im Klaren, dass auch Gemüse seine Reifezeit hat. Bei Erdäpfeln ist es am leichtesten wahrzunehmen.

Zudem heben Stickstoffgaben den Nitratwert im Gemüse an. Das gilt nicht nur für Industriedünger, sondern auch für die im biologischen Anbau erlaubten Helfer, wie Federmehl (fragen Sie lieber nicht, woher und von welchen Hühnern dies stammt ...), Knochenmehl, diverse Schlempen (zum Beispiel von der Zuckerrübe, als Abfallprodukt der Zuckerindustrie) und anderes mehr. All diese Stoffe beinhalten leicht löslichen Stickstoff und sollten im Biolandbau nichts verloren haben. Denn auch diese organischen Stoffe treiben das Gemüse und lassen es nicht reifen. Sie steigern den Nitratgehalt im Gemüse, das wir unter anderem der Gesundheit wegen essen. Hoher Nitratgehalt in Lebensmitteln ist definitiv nicht gesund!

Bauen Sie Ihr Gemüse selber an!

Wenn Sie den Katalog der „Arche Noah" durchblättern, können Sie ermessen, was für eine Fülle der Vielfalt und Vielgestaltigkeit uns zur Verfügung steht. Deshalb möchte ich Sie verführen – bauen Sie Ihr Gemüse selber an! Finden Sie die für Sie optimalen Qualitäten, Geschmacksrichtungen. Die Ernte von selbst angebautem Gemüse ist ja immer ein Aufruf zum Kochen, zum Einladen von Gästen, zum Genießen, zum Schwelgen in den Erfahrungen auf dem Feld. Essen mit Freunden macht uns gesund und glücklich. Es fördert unsere Kreativität und nährt unsere sozialen Fähigkeiten. Von sozial gut vernetzten Menschen wird gesagt, dass sie gesünder leben.

Wenn Sie keinen Hausgarten haben, müssen Sie nicht traurig sein. Es gibt noch viele andere Möglichkeiten: ein Stück Land beziehungsweise einen Schrebergarten pachten, Selbsternteorganisationen, Freunde, die Platz hätten, dazu überreden, mit Ihnen gemeinsam Gemüse anzubauen. Es lohnt sich, und es macht Sie glücklich. Vor allem erzieht es Sie zu einem Konsumenten, der Qualitäten erkennt und bewusst danach verlangt. Und vielleicht verführt es Sie selbst zum Kochen, zum Entdecken ungeahnter Talente, und Sie erleben sich selbst als schöpferischen Menschen. Zu guter Letzt ist es Ihr persönlicher Beitrag zur Ernährungssouveränität.

Wissenswertes: Gemüse

Beim Gemüseanbau sind einige Faktoren zu beachten:

1. ***Die richtige Pflanze.*** *Wichtig ist, die richtige Pflanze für den Standort, die Bodenbeschaffenheit und das Klima auszuwählen.*
2. ***Die richtige Sorte.*** *Die modernen Sorten sind auf Haltbarkeit, auf Shelf-Life, gezüchtet und sind so veranlagt, dass sie mit Nährstoffen von außen versorgt werden müssen. Sie haben einen flachen Wurzelstock, so tritt zum Beispiel in der Tomate eine Nährstoffverarmung ein. Die heute üblichen Hybridsorten bringen die Pflanze, die Frucht nicht mehr zur Reife.*
3. ***Der richtige Anbauort:*** *Zu unterscheiden ist zwischen Gemüse aus dem Glashaus, dem Folientunnel oder dem Freiland. Tomaten aus dem Freiland sind nicht mehr verkaufbar. Im Freiland wird nicht nur die Saison eingeengt, die Tomaten verlieren an Gleichmaß, an vordergründiger, designter Schönheit. Auch wenn vielleicht weniger symmetrisch, so sind sie jedenfalls vitaler und strotzend vor Lebenskraft.*
4. ***Niedrige Nitratwerte.*** *Wir sollten kein Gemüse zu uns nehmen, das mehr als 200 mg Nitrat hat. Davon träumen heute die Biobauern nicht einmal mehr. Wir haben den Nitratwert*

im Gemüse aus den Augen verloren. Zu Unrecht, er ist ein Hinweis auf solide Anbaumethoden. Versuchen die Bauern, die Erträge zu steigern, müssen sie mit zusätzlichen Stickstoffgaben arbeiten. Dies geht immer zu Lasten der Qualität und unserer Gesundheit.

5. ***Voller Geschmack.*** *Den modernen Hybridsorten fehlt es an Geschmacksvielfalt, am Aromaspektrum. Der Mund wird nur erfüllt von einer laschen, wässrigen, faden Süße*

Saatgut Demeter

In den 1970er-Jahren besuchte ich in der Schweiz am Ekkarthof, einer anthroposophischen Einrichtung, den heute 80-jährigen Ilmar Randuya, einen Pionier der alternativen Pflanzenzüchtung. Mit ihm einen Gang durch seinen Garten, sein Experimentierfeld, zu machen, war ein unvergessliches Erlebnis. Damals habe ich zum ersten Mal begriffen, was Vielfalt heißt und wie bedroht dieser Reichtum ist. Randuya hat schon früh erkannt, dass eine andere Art der Landwirtschaft, die biologisch-dynamische, ihr eigenes Saatgut braucht. Erst heute begreifen immer mehr Menschen, dass wir unser Ernährungsschicksal selber in die Hand nehmen müssen.

Arche Noah

In Österreich sind wir heute in einer glücklichen Situation – es gibt den 1990 gegründeten Verein „Arche Noah“, der sich in vorbildlicher Weise die Aufgabe stellt, die Sortenvielfalt nicht nur zu erhalten, sondern sie darüber hinaus noch zu erweitern. Sehen Sie sich den Katalog an, und Sie werden Augen machen. Ja, so eine Vielfalt gibt es. Wir alle können davon profitieren, wir alle können Nutznießer dieser Arbeit sein.

Paradeiser

Vor vielen Jahren bin ich mit dem Zug in Bosnien unterwegs gewesen. In der Früh stieg ein Bauer ein. Kaum saß er, holte er Tomaten aus der Tasche, so groß wie Kindsköpfe, aber gänzlich unförmig und zerklüftet. Die Tomaten strotzten vor Reife, er schnitt sie auf, lud mich zum Mitessen ein. Mein Gott, mein ganzes Leben habe ich keine derartig vollendete Köstlichkeit von einer Tomate mehr gegessen. Wann haben Sie zuletzt eine vollkommen entwickelte Tomate mit einer Geschmacksvielfalt und breit gefächerten, unterschiedlichen Aromen gegessen? Eine Frucht, die, wenn alles glückt, nicht zu Unrecht „Paradeiser" genannt wird.

Empfehlung: Ochsenherz-Paradeiser

Es gibt die verschiedensten Sorten, wie zum Beispiel die Ochsenherz-Paradeiser. Im „Arche Noah"-Sortenbuch sind sie alle aufgeführt. Vor Kurzem machte ich ein Tomatenrisotto mit frisch geernteten Ochsenherzen. Das Risotto bekam durch diese Paradeiser einen derartig wunderbaren Geschmack, dass es zu einem einzigen Freudenmahl wurde.

Erdäpfel

Meine Großmutter wusste noch, dass jede Erdäpfelsorte ihren optimalen Standort hat. Diesem Standort gemäß wurden die unterschiedlichsten Sorten angebaut. Pflanzen haben ihre spezifischen Interdependenzen und ihre Beziehungen zu den Böden, dem Kleinklima, den Anbaumethoden sowie den Menschen, die sie pflegen. So entwickeln sie ihre Vorzüge, ihre Qualitäten.

Wenn man erfahren genug ist, kann man bei der Blindverkostung von Gemüse sagen, auf welchem Standort es gewachsen ist und wie es angebaut wurde. Beim Wein ist es Allgemeinwissen, bei Gemüse ist es genauso bestimmbar. Mit derselben Behutsamkeit, Neugier und Lernbereitschaft, mit der die Weinkultur wieder aufgebaut wurde, müsste im Gemüseanbau gearbeitet werden.

Erdäpfelsorten

Kipfler, rot

Rote Kipfler sind wunderbare, speckige Erdäpfel mit einem umwerfenden Geschmack. Daraus zubereiteter Erdäpfelsalat schmeckt einfach grandios. Achten Sie darauf, dass der Kipfler sich trotz des Dressings entfalten kann.

Linda

Ich glaubte, diese Sorte sei schon ausgerottet worden, zufällig bekam ich welche geschenkt. Der Linda haben sich Kleinbauern ermächtigt und versuchen, die Hoheit der Sortenvielfalt wieder in ihren Besitz zu bekommen. Saatgut für die Linda ist bei „Arche Noah" zu bekommen. Das ist eine Sorte, über die man nur ins Schwärmen kommen kann. Die Linda ist nicht hoch genug zu loben.

Hobigers Goldsegen

Eine in ihrem Geschmack ausgewogene Erdäpfelsorte. Sie eignet sich hervorragend für Erdäpfelpüree.

Blaue und violette Erdäpfelsorten

Mit den blauen und violetten Sorten kann ich leider wenig anfangen. Ihr Geschmack behagt mir nicht. Versuchen Sie, es für sich selber herauszufinden.

Rote Sorten

Die roten Sorten galten lange als die besten Erdäpfel. Wenn ich nicht diese überbordende Vorliebe für die Kipfler hätte, müsste ich sicher Loblieder auf die roten Erdäpfel singen.

Lungauer Eachtlinge

Im Lungau besuchte ich einmal einen Bauern, der auf über 1500 Meter Seehöhe noch ein Feld Erdäpfel bestellte. Ich staunte nicht wenig. Die Lungauer Erdäpfel werden Eachtlinge genannt. Sie werden in Höhenlagen über 1000 Meter angebaut und sind schon etwas ganz Spezielles. Ich mag sie gerne und versuche immer wieder, welche zu erstehen. Die hochalpine, sonnenintensive Lage verändert den Geschmack und macht sie einzigartig. Leider werden keine alten, autochthonen Sorten gepflegt. Wenn das gelänge, wären die Lungauer Eachtlinge die Krönung der Erdäpfelkultur.

Anbauer

Familie Ackerl

Besuche ich ein Erdäpfelfeld der Familie Ackerl im Waldviertel, dann ist deren Sorgfalt und deren Enthusiasmus, mit dem sie ihr Gemüse anbaut, ihre Felder bestellt und sie pflegt, spürbar. Für jeden ist es erlebbar, dass die Ackerls genau auf den Boden, die Pflanzen hinsehen und dass sie ihre Arbeit auf dem Feld nicht gegen die Pflanzen ausführen, sondern immer versuchen, die Bedürfnisse der Pflanzen zu ergründen und ihnen gerecht zu werden. Für mich ist es immer wieder aufs Neue faszinierend, die Symbiose von Feld, Pflanze und Mensch zu erleben. Wenn ich meinen Freunden Erdäpfel von den Ackerls schenke, sind sie immer ganz verblüfft über die ausgeprägte Qualität, über den Geschmack. Die meisten bekommen bei diesen Erdäpfeln zum ersten Mal eine Ahnung, was Erdäpfelkultur ist.

Herr Hobiger

Eine kaum zu überbietende Erdäpfelqualität bekam ich von Herrn Hobiger, ebenfalls aus dem Waldviertel. Ein Demeterbauer, der nach der biologisch-dynamischen Methode seine Landwirtschaft betreibt und ein begeisterter Anbauer und Kultivierer ist. Er baut dutzende verschiedene Sorten an, immer auf der Suche nach der für ihn optimalen Sorte. Erdäpfel sind nicht gleich Erdäpfel! Die Vielfalt der Sorten lehrt uns die vielen unterschiedlichen Geschmacksmöglichkeiten.

Wissenswertes: Erdäpfelanbau, Erdäpfelvielfalt

Gerade bei Erdäpfeln ist es wichtig, dass sie nicht mit Stickstoff getrieben werden und auf dem Feld ausreifen können. Will man wirklich gute Erdäpfel, ist natürlich das Saatgut die erste Voraussetzung, dann der richtige Boden. Man sollte erst alle fünf Jahre die Erdäpfel wieder auf dem gleichen Grund anbauen. Gedüngte Erdäpfel sind aufgedunsene, geschmacklose Bomben. Hoher Ertrag geht immer auf Kosten der Qualität, der Geschmacksqualität.

Erdäpfel sind Genussprodukte! Kaufen Sie nie einfach Erdäpfel. Sehen Sie sich auf Bauernmärkten, bei Biobauern um, finden Sie die für Sie optimalen und für die konkrete Zubereitung passenden Erdäpfel. In den letzten Jahren sah es so aus, als gäbe es nur noch fünf bis sechs verschiedene Sorten. In Wirklichkeit gibt es zirka 100 Sorten. Ermuntern Sie die Bauern zur Vielfalt.

Spargel

Frühjahrszeit ist Spargelzeit. Ein langer Abend mit Freunden, Spargel und einem Glas trockenem Weißwein zu verbringen, ist doch immer wieder ein Genusserlebnis. Spargel anzubauen ist etwas für Spezialisten, es benötigt viel Erfahrung, viel Wissen und viel Pflegearbeit. Spargel ist eine mehrjährige Pflanze, die erst ab dem dritten Jahr eine kleine Ernte erbringt. Der Spargel wird gestochen, und das ist wiederum eine mühsame Arbeit.

Sorten

Grüner Spargel

Der grüne Spargel schmeckt kräftiger und hat einen hohen Gehalt an Chlorophyll. Beim grünen Spargel muss nur das letzte Drittel geschält werden. Eine der größten Untugenden ist es, dass Spargel in der Regel zu lange gekocht wird. Ein verkochter Spargel ist ein Ärgernis! Achten Sie auf die Kochzeit. Versuchen Sie, den grünen Spargel zu dämpfen, servieren Sie ihn knackig mit Nussbutter oder Walnussöl mit getoastetem, zerriebenem Salbei.

Weißer Spargel

Fein säuberlich schälen! Das Geheimnis beim Kochen ist, dass die Spargelstange leicht durchgekocht, die Spitze aber noch knackig sein sollte. Das lässt sich nur mit einem Spargelkochtopf bewerkstelligen, bei dem man die Spitzen aus dem Wasser stehen lässt. Servieren Sie den weißen Spargel mit zerlassener Butter, frischem Kerbel, fein geschnittenen, leicht gesalzenen und etwas stehen gelassenen Jungzwiebeln, ein bisschen Olivenöl und einer Spur Zitronensaft. So unterstützen Sie den wunderbaren Spargelgeschmack und Duft. Ein Erlebnis für die Nase und den Gaumen!

Anbauer Familie Brandenstein

Seit fast dreißig Jahren baut die Familie Brandenstein auf ihrem an der March gelegenen Hof Spargel an. Empfehlungen sind immer sehr subjektiv, aber nichtsdestotrotz glaube ich, dass sie den besten Spargel hat.

Wissenswertes: Frischen Spargel erkennen

Spargel muss frisch geerntet auf den Tisch kommen. Wenn Sie mit dem Finger den Schnitt zusammendrücken, muss noch Saft austreten. Ist dies nicht mehr der Fall, verzichten Sie auf den Spargel. Ist der Schnitt gar braun oder geschrumpft, sind Hopfen und Malz verloren.

Die Ackerbohne, Saubohne oder Favabohne

Die Ackerbohne ist eine hochgezüchtete Kulturpflanze, die sich bis ins 7. Jahrtausend vor Christus zurückverfolgen lässt. Ich liebe sie jung gekocht, aber nicht die Schoten, sondern die Bohnen, noch grün und etwa erbsengroß. Die Bohnen zur Zuppa di Fave zubereitet, ist eine einfache, mich süchtig machende Bauernspeise. Ende Mai bekommt man die Zuppa di Fave überall in Sizilien serviert, mit etwas Olivenöl. Fantastico!

Lattuga Romana

Ein Salat, der dem Kochsalat ähnelt, nur feiner und wohlschmeckender ist. Ein Salat, zubereitet mit dem Lattuga Romana, frischen Fenchelknollen, geschnittenen, geschälten Zitronen, Olivenöl und etwas Meersalz, gegessen mit einem jungen Pecorino. Eine Herrlichkeit auf Erden!

Fenchel

Der Fenchel oder die Fenchelknolle ist bei uns ein viel zu gering geschätztes Gemüse. Man kann ihn roh, gedünstet oder gekocht essen. Fenchel hat einen starken Eigengeschmack, das wird der Grund sein, warum man entweder Liebhaber oder Feind von Fenchel ist. Der Fenchel ist auf jeden Fall sehr gesund, da er außerordentlich reich an Inhaltsstoffen ist. Ich bevorzuge den Fenchel roh als Salat mit dem Lattuga Romana oder mit Orangen und Nüssen. Aber um ehrlich zu sein, ich esse die Fenchelknolle gerne wie einen Apfel. Ich löse die Schichten und esse ihn roh. Ein urwüchsiger, unmittelbarer Genuss.

Erbsenschoten

Auch Zuckerschoten genannt. Die Erbsenschoten sollten zart und fest sein, geschrumpelte sind ein Graus. Die in den Schoten enthaltenen Erbsen müssen noch sehr klein sein, eigentlich nur eine Erbsenandeutung. Die Schoten einfach in Butter gedünstet, sind eine bezaubernde Beilage, die unsere Augen erfreut und unsere Geschmacksnerven entzückt.

Pastinak

Pastinak ist ein zweijähriges Doldengewächs mit gelben Blüten. Er wächst wild in intakten Wiesen und an Wegrändern. Und es gibt ihn natürlich auch in kultivierter Form. Pastinak ist ein Wurzelgemüse, das bei uns in Vergessenheit geraten ist. Es gibt langwurzelige und rundwurzelige Sorten, die runden sind süßer und geschmackvoller. Pastinak ist das ideale Gemüse für rauere Gegenden. Zu kultivieren ist er wie die Karotte. Man kann ihn auch mit Karotten zusammen als Gemüsebeilage zubereiten. Pastinak gedämpft kann zu Fisch und Fleisch serviert werden, aber auch als Wurzelwerkbeilage zur Würzung der Fleischbrühe. Pastinak bietet einen zarten, wohlschmeckenden Genuss.

Mangold

Mangold ist mit der Runkelrübe verwandt und wird in unterschiedlichsten Varietäten angebaut. Er ist eine Zierpflanze und ein wunderbares Gemüse, wovon alles verwertet werden kann: das Blatt, die Stengel und sogar die Wurzeln. Ich liebe den Roten Mangold nicht nur, weil er für das Auge attraktiv ist, er hat auch einen ausgeprägteren Eigengeschmack und ist aromatischer als der Grüne. Mangold bereitet man wie Spinat zu und schmeckt ihn mit Butter, einigen Tropfen Olivenöl und einer Spur Zitrone ab. Wie bei allem Blattgemüse, ist auf die Frische zu achten.

Rote Rüben

Kaum jemand ist noch bereit, Rote Rüben zu kochen. Wir kaufen die Roten Rüben als Saft oder vorgedämpft. Dabei ist die Rote Rübe ein wahres Gesundheitsmittel, das es verdient, selbst zubereitet zu werden. Die Roten Rüben sind voll mit sekundären Pflanzenstoffen und halten uns und unseren Organismus vital. Aber nicht sorgsam genug behütet, nimmt die Rote Rübe viel, viel Nitrat auf, sie kann zur wahren Nitratbombe werden.

In meinen ersten Gehversuchen in biologischem Landbau gab es eine Faustregel: Ein gesundes Gemüse darf nicht mehr als 200 mg Nitrat haben. Für die Babykost ist dies vorgegeben, aber auch für Erwachsene sollte das selbstverständlich sein. Bei den Roten Rüben sollte man daher genau wissen, von welchem Bauern sie sind, wie er arbeitet und ob Sie ihm und seiner Art des Arbeitens vertrauen können.

Wissenswertes: Kauf und Zubereitung Rote Rüben

Beim Kauf von Roten Rüben achten Sie darauf, dass die kleineren geschmackvoller und die von dunklerem Rot gesünder sind. Die Rote Rübe kann man dämpfen oder kochen und zum Beispiel als Salat zubereiten, mit etwas geriebenem Kren, Kümmel, weißem Pfeffer, etwas Meersalz und einem kalt gepressten Öl, das Ihnen gerade zupass ist. Mit ein paar Tropfen Essig abrunden.

Tipp: Wurzelgemüse

Bei Wurzelgemüse gilt allgemein: Je kleiner die Knollen, desto feiner die Fasern und inhaltsreicher und zarter das Gemüse.

Schwarzwurzeln

Die Schwarzwurzel wächst wild, von Sibirien bis Südeuropa. In vielen Gemüsegärten wird sie kultiviert. Die Schwarzwurzel ist ein perennierendes Wurzelgewächs, das heißt, es erfreut Sie mehrere Jahre lang. Die Schwarzwurzel blüht gelb, ihre fingerdicken Stengel sind außen schwarz und innen wunderbar weiß. Die Schwarzwurzeln wurden auch als der „Spargel des armen Mannes“ bezeichnet. Was natürlich ein Blödsinn ist. Die Schwarzwurzel ist äußerst gesund und von feinem, geradezu zartem Wohlgeschmack.

Wissenswertes: Kauf und Zubereitung Schwarzwurzeln

Kaufen Sie gleichmäßige Stangen, die frei von Beschädigungen sind. Dünsten oder kochen Sie die Schwarzwurzeln und servieren Sie diese mit zerlassener Butter und einer Spur Zitronensaft. Oder überbacken Sie diese: Dazu die gekochten Schwarzwurzeln in eine Form geben, ein paar Butterflöckchen und einen jungen Pecorino auf die Schwarzwurzeln reiben und diese kurz im Rohr überbacken. Manche meinen, wer oft Innereien isst, sollte regelmäßig Schwarzwurzeln zu sich nehmen, da sie helfen, die Harnsäure besser auszuscheiden. Auch Frauen in Wechseljahren werden sie empfohlen.

Kürbisse

Ein Herbst wird erst zum Herbst, wenn wir mit der Kürbisernte überhäuft werden. Alle möglichen Gestaltungen und Ausformungen, alle möglichen und unmöglichen Farben können die Kürbisse haben. Sie sind eine Augenpracht. Wir schneiden Gesichter in den Kürbis, stellen Kerzen hinein und erschrecken unsere Kinder. An den Farben und Formen der Kürbisse können wir sehen, dass das Leben aus allen Nähten platzt und wir uns im grauen Schatten verbarrikadieren. Doch sind Kürbisse nur für Jux und Tollerei zu gebrauchen? Nein, wir erinnern uns, es gibt doch auch dieses wunderbare, grüne steirische Kürbiskernöl und Kürbiskerne für Männer in fortgeschrittenem Alter.

So um 1971/72 bekam ich ein Büchlein einer kalifornischen Hippie-Kommune in die Hand, das nichts anderes enthielt als Kochrezepte für Kürbisse. Eine dionysische Kürbisorgie. Ich staunte nicht schlecht und ging auf die Suche nach den beschriebenen Kürbissen – ein Elend! Außer dem Ölkürbis und ein paar Zierkürbissen gab es nichts zu kaufen. Ich besorgte mir die unterschiedlichsten Samen und baute mir die Kürbisse selber an. Und erlebte die tollsten Blüten und Blätter, die jedoch bald von Mehltau befallen wurden. Mein Garten verwucherte in der Kürbispracht, alles nahmen sie in Beschlag. Doch sie brachten die tollsten Ausformungen und Farben hervor.

Dann ging es ans Kochen: Kürbiskuchen, Kürbiskompott, eingemachte Kürbisse, Kürbis als süßer Brei, Kürbis pikant, Kürbisbrei mit Reis, Kürbis als Beilage, Kürbissuppe, Kürbis gedämpft, Kürbis gebraten, Kürbis mit Ingwer, Kürbis gebacken, Kürbispudding, Kürbis auf ungarische und auf indische Art. Glauben Sie mir, jahrelang verlor ich jeden Appetit auf Kürbis. Heute liebe ich Kürbissuppe mit Ingwer, sie tut der Seele gut, Kürbiskompott mit Äpfeln und vielleicht ein oder zwei Mal im Jahr Kürbispüree als Beilage. Aber an den Formen wie auch an den tollen Farben erfreue ich mich nach wie vor.

Kürbissorten

Hokkaido-Kürbis

Der Hokkaido-Kürbis kommt in den wunderbarsten, warmen, gedeckten Orangetönen. Mit diesem Kürbis kann man Kürbisgemüse beziehungsweise Kürbis mit Äpfeln machen. Nehmen Sie dazu saure Äpfel.

Butternuss-Kürbis

Dieser gelb-ockerfarbene Kürbis, wegen seiner Form auch Birnenkürbis genannt, ist der ideale Suppenkürbis.

Patisson-Kürbis

Der Patisson besticht durch seine tolle Form und seine gedeckten Farben von Herbstgrün bis Gelb. Bestens geeignet zum Backen, Braten und Grillen, denn er muss nicht geschält werden.

Lunzers Schalotten

Die Schalotte ist eine Art Zwiebel mit viel feinerem Geschmack. Sie kommt praktisch nie zur Blüte und wird durch Zerteilung der Zwiebel fortgepflanzt. Die Schalotte hat rot-gelbe Schalen und ist ovalförmig. Ich bin ein großer Anhänger der Schalotte, sie verfeinert durch ihr unaufdringliches Aroma jeden Braten, Ragouts oder Saucen.

Anbauer Familie Lunzer

In Tattendorf im Seewinkel im Burgenland baut die Familie Lunzer seit einem guten Jahrzehnt die Schalotten an. Inzwischen sind sie Spezialisten im Schalottenanbau geworden. Denn es bedarf großer Disziplin, großen Know-hows und Fingerspitzengefühls, Schalotten zu kultivieren. Ich habe ihre Schalotten mit belgischen und französischen verglichen und muss sagen: Die besten mir bekannten Schalotten kommen von der Familie Lunzer.

Gemüse von „Zurück zum Ursprung“

Bei diesen Produkten gehen wir ganz neue Wege:

1. Sie sind aus biologischer Landwirtschaft.
2. Der Einsatz von Kupferspritzung ist untersagt.
3. Die Verwendung von Schlachtabfällen und Produkten aus solchen, wie Federmehl, Haarmehl, Knochenmehl, Blutmehl etc., ist untersagt.
4. Das Gemüse muss weniger als 200 mg/kg Nitrat aufweisen.
5. Auf niedere Werte von Schwermetallen, wie Cadmium, Blei und Quecksilber, wird größtes Augenmerk gelegt.

6. Die Herkunft des Gemüses wird feldstückrein sichergestellt, das heißt, Anbau, Ernte und Abpackung erfolgen von einem Feldstück.
7. Jeder einzelne Bauer wird von der Biokontrollstelle daraufhin überprüft, ob er alle zusätzlichen Vorgaben erfüllt. Zusätzlich zur Kontrolle müssen die Bauern mit ihrer Unterschrift gewährleisten, dass sie den vorgeschriebenen Standard in der Kulturführung einhalten.

La Selva

1980 erzählten mir Bekannte in München von einem Herrn Egger, der seine erfolgreiche Firma in Deutschland verkauft hatte und nach Italien übersiedelt war, um dort biologisch wirtschaftender Bauer zu werden. Ohne ihn zu kennen, beneidete und bewunderte ich ihn. Dann hörte ich lange Zeit kaum mehr etwas von ihm. Heute beglücken mich seine Produkte und ich beneide ihn noch viel mehr, er hat seinen Traum verwirklicht. In der Toskana betreibt er auf 428 Hektar seine Landwirtschaft und er lebt seinen Traum Tag für Tag.

Gemüseanbau braucht Tierhaltung

Seit Jahrzehnten erkläre ich meinen biologisch wirtschaftenden Freunden: Es gibt keinen Gemüseanbau ohne Tierhaltung. Der Mist der Tiere kompostiert, ist der Garant für eine außerordentliche Gemüsequalität. Ist kein kompostierter Mist vorhanden, wird im biologischen Anbau mit schnell löslichem Stickstoff, wie Federmehl, Knochenmehl, Haarmehl, Schlempen jeder Art, herumgepfuscht. Die Pioniere der biologischen Landwirtschaft sprachen noch davon, das Bodenleben zu fördern und die Pflanzen nicht zu düngen, denn nur ein gesunder Boden hat gesunde

Pflanzen. Heute gerät dieses Wissen auch bei biologisch arbeitenden Bauern ins Abseits. Gedüngte Pflanzen ergeben dann Gemüse mit 2000 bis 4000 Milligramm Nitrat: Es ist aufgeschossen und unausgereift.

Gemüse, frisch oder gekocht, ist das Gesündeste, was wir essen können. Gerade deshalb kommt es auf die Art und Weise des Anbaus an, auf die Sorgfalt und den Willen, den Verlockungen der Ertrag steigernden Mittel zu widerstehen. Eine biologische Landwirtschaft ist nur als geschlossener Organismus als biologisch wirtschaftend anzusehen. Alles andere sind nur Versuche, die biologische Methode zu imitieren. Das ist meine persönliche Meinung, die sich auf 40-jährige Erfahrung beruft.

Geschlossener Organismus bei „La Selva"

Warum ich das gerade in Zusammenhang mit der Arbeit von Herrn Egger ausführe, ist einfach erklärt. Er baut auf etwa 50 Hektar Gemüse an und hat 120 Chianina-Rinder, eine wunderschöne, autochthone Rinderrasse, sowie zirka 100 Apennin-Schafe. Herr Egger ist an absoluter Qualität interessiert, bei ihm gibt es kein Drüberschwindeln – wie es die EU-Bioverordnung ja zum Teil ermöglicht. Er wirtschaftet in einem geschlossenen Organismus: Mist seiner Tiere für die Düngung und um die Humusqualität des Bodens zu verbessern, Gründüngung, um den Boden zu beleben. Er betreibt eine siebenjährige Fruchtfolge, so erhält und fördert er die Fruchtbarkeit der Böden.

An den Produkten von „La Selva"– unter diesem Namen vermarktet er seine toskanischen Spezialitäten – kann man seinem kompromisslosen Qualitätsweg nachspüren. Sie sind alle so, wie wir uns vollendete Lebensmittel vorstellen. Jedes einzelne Produkt eine Kostbarkeit. Die gelebte Qualität und die gelebten Ansprüche finden sich in den Lebensmitteln wieder.

Produkte von „La Selva“

Herr Egger verwöhnt uns zusätzlich damit, dass er viele seiner Produkte verarbeitet und im Glas abfüllt. Oft, wenn ich spät und müde nach Hause komme, koche ich mir eine toskanische Hochzeitssuppe. Selbstverständlich habe ich keine Bohnen eingeweicht. Also lasse ich mich von „La Selva“ verwöhnen. Dazu nehme ich ein Glas weißer und brauner Bohnen, Kastanien, Gemüse wie Stangensellerie und Wurzelgemüse, Olivenöl, Schalotten und Knoblauch und bereite mir im Nu eine nährende, mich glücklich machende Köstlichkeit.

Das Frühstück in der Winterzeit kann ich mir ohne „La Selva“ nicht mehr vorstellen. Artischocken, Spargel und gedünsteten Paprika esse ich vervollständigt mit Ziegenkäse und Tee. Können Sie sich einen größeren Hochgenuss am frühen Morgen vorstellen? Jedes einzelne Produkt verführt einen zum Schwelgen und Genießen. Vom Boden übers Kultivieren und Verarbeiten bis hin zu den Zutaten ist alles stimmig, perfekt ausgeführt und lässt keine Wünsche offen.

Ja, ich bewundere die Arbeit von Herrn Egger und seiner vielen Mitarbeiter und ich liebe seine Produkte. Ich möchte sie nicht mehr missen!

Wissenswertes: Wie kommen Sie zu gutem Gemüse?

1. *Fragen Sie nach der jeweiligen Sorte, probieren Sie die unterschiedlichsten aus. Bilden Sie sich eine Meinung, spüren Sie Ihren Vorlieben nach.*
2. *Pflanzen Sie die unterschiedlichsten Sorten in Ihrem Hausgarten. Wenn Sie keinen haben, sehen Sie sich nach einer Erntegemeinschaft um, einer sogenannten Selbsternteparzelle.*
3. *Lernen Sie „Arche Noah“ kennen und besorgen Sie sich das Sortenhandbuch. Sie tauchen ein in ein Genuss-Eldorado, das noch das unempfindlichste Herz höher schlagen lässt.*

4. *Lernen Sie sich und Ihren grünen Daumen kennen. So werden Sie zur Expertin und zum Experten von Sortenvielfalt und zum mündigen Konsumenten. Mit der nötigen Erfahrung wissen Sie, was das Richtige für Sie ist.*

Kräuter – eine kosmische Vollendung

Zu einer ordentlichen Küche und einem gelungenen Essen gehören Kräuter, die den Speisen erst die besondere Note geben. In einen Fischbauch gehört ein Büschel Kräuter, genauso wie ins Gemüse und zum Braten. Was immer man kocht, die Kräuter sind der krönende Abschluss, das Tüpfelchen auf dem i, die Vollendung des Zubereitens.

Trauen Sie sich drüber und bauen Sie Ihre Kräuter selber an. Die vielen verschiedenen Aromen machen einem Freude, beim Darüberstreichen, beim Reiben der Kräuter wird man verführt in eine Zauberwelt. Jede Pflanze soll ja im Kosmos in einem Stern ihre Entsprechung haben. Am Duft der Kräuter ist das am unmittelbarsten nachzuspüren. Ja, Kräuter sind kosmische Grüße.

Deshalb stellen sie mit unserem Körper auch die tollsten Sachen an. Sie heilen uns, sie verführen uns, sie machen uns glücklich, hellwach oder schläfrig. Sie steigern unsere Libido, unsere Vitalität. Sie fördern die Durchblutung und Verdauung. Mein Gott, ich könnte noch Seite um Seite füllen. Mit einem Wort: Kräuter müssen in jeden Haushalt, am besten frisch.

Kräutergärtnerei Wagner

Und die Jungpflanzen sollten Sie am besten bei der Kräutergärtnerei Wagner in Kapfenstein in der Steiermark besorgen. Jahrzehntelange Erfahrung mit ihren Setzlingen macht mich in dieser Empfehlung sicher. Früh genug bestellt, bekommen Sie alles, angefangen von Duftpflanzen, über Färbepflanzen und Gewürzpflanzen bis hin zu Teepflanzen – auch die wunderbarsten und vor allem beständigen Rosen. Meine Empfehlung und meine Gewissheit werden auch Sie glücklich machen.

Safran

Safran ist ein Zwiebelgewächs mit rot-violett gestreiften Blüten. Die Blüte kommt direkt aus der Zwiebel. In der Blumenkrone ist ein fadenförmiger Griffel, an dessen Ende sich jeweils drei gelbe, orange bis rote Narben befinden. Die Narben haben einen stark aromatisierenden Duft. Sie werden vorsichtig gepflückt und getrocknet. Der beste Safran kommt aus Persien. Aber im Grunde genommen kann er überall dort kultiviert werden, wo Wein gedeiht. Da Safran sehr kostspielig ist, wird er immer wieder gefälscht, zum Beispiel mit anderen gelben Blütenblättern, die dann mit echtem Safran eingefärbt oder unter ihn gemischt werden. Auch wird versucht, das Gewicht des Safrans künstlich durch Zusätze zu erhöhen.

Safran veredelt manche unserer Gerichte und gehört in jede Küche. Denken Sie nur an das Risotto Milanese, es ist sowohl für das Auge als auch für den Gaumen ein überwältigendes Ereignis. Nebst Persien kommt Safran aus Spanien und Italien. Das Pflücken der Safrannarben ist eine äußerst aufwendige Handarbeit. Werden die Narben nicht zum richtigen Zeitpunkt gepflückt, ist der Safran von minderer Qualität. Für die Qualitätsbeurteilung ausschlaggebend ist das Aroma, aber das kann leicht imitiert werden. Deshalb wird die Färbekraft des Safrans als Qualitätskriterium herangezogen. Aber auch bei der Veraschung des Safrans und mithilfe chemischer Analysen kommt man Verfälschungen auf die Spur.

Safrankauf ist ein Vertrauenskauf. Als Faustregel gilt immer: Kaufen Sie nie Safranpulver, immer nur Safrannarben. Safran soll durch seine hohe Menge an sekundären Pflanzenstoffen gesund sein. Auch wird ihm im Orient eine aphrodisierende Wirkung zugesprochen und Safran soll schon so manche Gemütsverstimmung weggezaubert haben.

Obst

Pflanzen Sie einen Baum!

Auch beim Obst geht eine Kultur unwiederbringlich verloren. Ich bin der Meinung, dass die Hochstammbäume eine völlig andere Qualität von Obst erbringen als die mannshohen Plantagenbäume. Das Obst von Hochstämmen hat einen ausgeprägteren Geschmack, einen klaren, eindeutigen Charakter und ist nie aufgeschwemmt. Es ist würzig und verfügt über ein breiteres Aromaspektrum.

Mit Hochstammbäumen bin ich groß geworden, habe die Freude am Herumklettern auf diesen Bäumen erlebt, aber im Herbst auch das Aufklauben des Fallobstes mit klammen Fingern und Händen im kalten, feuchten Gras erlitten. Obstbäume waren für mich als Kind wie Geschwister. Viel Zeit verbrachte ich auf ihnen und im Gespräch mit ihnen. Sie waren Tröster und Stärker in einem und forderten mich immer wieder zu Mutproben heraus. Noch heute habe ich eine tiefe Emotion im Umgang mit Bäumen und deren Früchten.

Sind Sie auf der Suche nach der ultimativen Obstqualität, gibt es keinen anderen Weg, als selber einen oder mehrere Bäume zu pflanzen. Wenn es bei den Pflanzen des Feldes Interdependenzen gibt, so kann ich aus meiner Erfahrung sagen, dass es bei den Bäumen ebenso ist – nur hoch zum Quadrat. Bäume bedingen sich gegenseitig, kommunizieren miteinander, können einander behindern, helfen und befruchten. Ein Baum allein gepflanzt ist eine einsame, unerfreuliche Sache für den Baum. Erkundigen Sie sich, welche Bäume miteinander harmonieren und beginnen Sie mit dem Kultivieren von Obst.

Doch Kulturbäume brauchen Ihre Obhut. Sie müssen gepflanzt werden, geschnitten werden, sie benötigen eine Baumscheibe, organischen Kompost, vielleicht einen Kalk- oder Lehmanstrich. Und man muss etwas gegen die Schädlinge tun. Obstbäume machen Arbeit. Aber sie schenken uns ihre Früchte, spenden Schatten, geben Vögeln eine Wohnstatt und machen einfach viel, viel Freude.

Äpfel

Der Apfel soll es gewesen sein, weswegen wir arbeiten und uns mühen müssen, weswegen wir Sorgen und Liebeskummer haben. Wegen des Apfels sind wir aus dem Paradies vertrieben worden. Hat es sich gelohnt?

Äpfel gedeihen fast in jedem Klima. Einmal besuchte ich einen Apfelbauern an den Hängen des Ätna, hoch oben, es war extrem kalt und die Äpfel waren klein und sauer, das hatte ich in Sizilien nicht erwartet. Neben den klimatischen Bedingungen muss bei der richtigen Apfelwahl der Boden berücksichtigt werden. Ist es ein Lössboden oder ein kalkiger, ein schwerer Boden oder Schwemmland? Sie müssen sich gut beraten lassen, um die richtige Apfelsorte für sich zu finden.

Wichtig ist: Erst die kalten Nächte machen die Farbe. Und ein Apfel hat eine Pflückreife und eine Genussreife, die natürlich nicht zusammenfallen müssen. Je reifer der Apfel, desto höher ist der Zuckergehalt und desto mehr Aroma hat er. Als Äpfel noch im Keller lagerten, verbreiteten sie einen wunderbaren, betörenden Duft. Ich fühlte mich immer magisch angezogen.

Ein Hochstammapfelbaum benötigt zehn Jahre, bis er die ersten Früchte trägt. Es gibt zirka 800 verschiedene heimische Apfelsorten, darunter Sommersorten, Herbstsorten und Wintersorten, die man erst nach Weihnachten genießen kann. Wie viele oder besser wie wenige finden Sie in Ihrem Lebensmittelgeschäft vor?

Bekannte Apfelfamilien

1. **Calvillen** verlangen nach einem sonnigen Standort und gutem Boden. Die Äpfel haben ein eher lockerzelliges Fruchtfleisch mit einem Aroma, das eine Ahnung von Erdbeeren oder Himbeeren aufkommen lässt. In diese Klasse gehört zum Beispiel der Gravensteiner, ein außergewöhnlicher Apfel. Ein Tafelobst der Sonderklasse.

2. Die **Rosenäpfel** haben eine glänzende, duftende Schale und zeichnen sich durch einen fein gewürzten Geschmack aus. Zum Beispiel der Morgenduft oder der Rosmarinapfel, ein rot gesprenkelter Apfel mit einer zarten Säure. Hat er genug Sonne, ist er süß und knackig. In meiner Jugend verbrachte ich im September viel Zeit auf dem Rosmarinapfelbaum – eine Zeit voll Glück und Genuss. Die Berner Rosenäpfel, die mich immer so verführerisch anlockten, waren hingegen stets eine Enttäuschung.

3. Die **Rambouräpfel** sind sehr große Früchte mit grobzelligem Fleisch und einer derben Schale. Es sind süßsäuerliche, wohlschmeckende Äpfel, wie der Kaiser Alexander, saftig, ursprünglich.

4. Die **Reinetten** sind festfleischige Äpfel mit hervorragendem, typischem, zart süßweinartigem Geschmack. Es gibt rote, grüne, goldene, auch graufarbige Reinetten. Die Champagner-Reinette ist etwas ganz Besonderes, so wie die Winter-Gold-Parmäne, die ebenfalls in diese Klasse fällt.

Empfehlenswerte Apfelsorten

Lederapfel

Mein Lieblingsapfel ist der Lederapfel, es soll 20 verschiedene Sorten davon geben. Ich liebe den grünlich-grauen mit leichten roten Sprenkeln. Der Lederapfel hat einen urwüchsigen Geschmack, überlagert kann man ihn nicht mehr essen. Mit dem Lederapfel lassen sich die besten gebratenen Äpfel machen. Er ist leicht säuerlich, aber doch mild. Seine Süße ist nie aufdringlich, er hat einen harmonischen, aber eindeutig charakteristischen Geschmack. Ein reifer Lederapfel ist in jeder Blindverkostung zuordenbar.

Kronprinz Rudolf

Der Kronprinz Rudolf ist auch so eine Kostbarkeit. Ein Apfel, den ich liebe und für den ich viele Kilometer ginge, um seiner habhaft zu werden. Zum richtigen Zeitpunkt genossen, bietet er uns einen vortrefflichen Genuss.

Gravensteiner

Ein Tafelobst, für das ich durchaus einige Strapazen auf mich nehmen würde. Der Gravensteiner verfügt über das perfekte Säure-Zucker-Verhältnis, er ist saftig, hat einen verführerischen Duft und ein starkes Eigenaroma.

Siebenkant

Im Januar ist es Zeit, zum Siebenkant zu greifen. Er ist ein Winterapfel, gut lagerbar, der seine Qualität erst nach Weihnachten eröffnet. Er ist leicht würzig und saftig, mit ihm lässt sich der Winter leichter ertragen.

Rezept: Apfelscheiterhaufen

4 Personen

Zutaten:
4 Butterkipferl
2 Dörrmarillen
Etwas Milch
4 säuerliche Äpfel (Boskop)
40 g Zucker
2 EL gehobelte Mandeln

Eierguss:
1/8 l Milch
1 Ei
1 KL Kristallzucker
100 g Butter zum Bräunen der Butterkipferlscheiben und Braten der Apfelscheiben
Butter zum Ausbuttern der Formen
Zimtzucker zum Bestreuen

Zubereitung:
Die Butterkipferl vom Vortag in 1/2 cm dicke, schräge Scheiben schneiden, auf ein Blech legen und mit warmer Milch benetzen. Die Dörrmarillen in Wasser einweichen, herausnehmen und in kleine Würfel schneiden. Die Äpfel schälen, halbieren, das Kerngehäuse entfernen und in ca. 3 mm dicke Scheiben schneiden. Die Formen (ca. 12 cm Durchmesser und 3 cm hoch) mit weicher Butter ausstreichen und mit Kristallzucker ausstreuen.

In einer beschichteten Pfanne die Scheiben der Butterkipferl mit den gehobelten Mandeln und etwas Butterschmalz beidseitig goldig anbacken, ebenso die Apfelscheiben.

Für den Eierguss die Zutaten mit einem Schneebesen gut verschlagen.

Zum Einschichten in die gebutterten Formen zuerst die Apfelscheiben fächerförmig einlegen, dann eine Schicht Kipferlscheiben und einige Dörrmarillenwürferl darüberlegen. Diese Reihenfolge nochmals wiederholen und zum Schluss mit Apfelscheiben abdecken. Mit dem Eierguss auffüllen. Die Formen auf ein Backblech stellen und mit Alufolie abdecken. Bei 200 Grad Celsius im vorgeheizten Backrohr ca. 15 Minuten backen. Herausnehmen, auf Teller stürzen und mit Zimtzucker bestreuen, sofort servieren. Eventuell kalte Vanillesauce dazureichen.

Birnen

Eigentlich sollte man nur an den Tagen der Birnbaumblüte heiraten. Apfelblüten, Kirschblüten, Pfirsichblüten nehmen einen in Beschlag, man kann sich ihnen nicht entziehen. Doch die Birnbaumblüte, die trägt uns leicht ins Leben, man müsste auf Birnbaumblüten gebettet sein.

Birnen, die wir so kaufen können, sind meist unreif, schmecken wie ein grüner Kürbis, sind geschmacklos, machen beim Zerkauen knackende Geräusche, haben kein Aroma und verströmen keinen Duft. Die Birne muss einem aber im Mund schmelzen, dahinschmelzen. Sie muss unseren Gaumen mit den köstlichsten Aromen erfüllen. Obstgenuss ist immer ein grenzenlos enthusiastisches Eintauchen in eine Zauberwelt.

Die Birne ist ein Dessert und sollte selbstverständlich immer mit Messer und Gabel genossen werden. Nur wenn es sich lohnt, sie mit Messer und Gabel zu essen, sollten wir uns ihr hingeben, uns beglücken lassen.

Empfehlenswerte Birnensorten

Gellerts Butterbirne

Eine mittelgroße Birne mit abgerundetem Kegelstumpf. Einfach eine schöne Birne von gelblich-grüner Farbe, reif ist sie ockergelb. Das Fleisch ist gelblich weiß, sehr saftig, feinschmelzend. Im Geschmack ist sie süß, leicht säuerlich, mit einer leichten Würzigkeit.

Boscs Flaschenbirne

Ist eine große grünschalige Birne, die in reifem Zustand gelb wird. Oft ist sie zimtfarbig berostet (= punktiert). Essen Sie sie, wenn sie goldfarbig ist. Das Fleisch ist gelblich-weiß, schmelzend, saftig, süß und würzig.

Williams Christbirne

Eine frühe Tafelbirne. Diese große Frucht ist leicht ausgebeult. Die Schale ist hellgelb, auf der Sonnenseite leicht gerötet. Das zarte Fleisch ist gelblich-weiß, eine delikate Birne, muskatartig gewürzt.

Clapps Liebling

Eine wunderschöne Augustbirne. Sie ist eine große, lange Frucht, etwas eiförmig. Die Schale ist gelb wachsartig, mit lebhafter Röte fein punktiert. Das Fleisch ist gelblich-weiß, schmelzend und saftreich. Diese Birne hat einen edlen, würzigen Geschmack.

Pflaumen

Ende April, Anfang Mai blüht der Pflaumenbaum und treibt noch in der Blütezeit seine Blätter aus. Mit der Blüte der Pflaumenbäume in unserem Garten wuchs Jahr für Jahr die Sehnsucht in mir nach den Verlockungen dieses ganz besonderen Fruchtfleisches. Safttriefend und süß mit einer Spur Säure. Ausgewogen in dem genau richtigen Maße, dem leicht zimtigen Aroma und dem moosig fruchtigen Duft. Die Pflaumen in unserem Garten waren immer ein Glücksversprechen, das sie auch fast jedes Jahr einlösen konnten. Es waren blaue, herzförmige Diaprees, eine Herzensfrucht.

Pflaumen zur rechten Zeit geerntet dürfen nicht schal süß auf der Zunge liegen. Diese Sorten sind zum Abgewöhnen. Das ist das eigentliche Unglück bei allen käuflich erworbenen Obstsorten und Beeren, dass einem dabei immer der optimale Reifegrad vorenthalten wird. Wir wissen nie, wie das angebotene Obst nun wirklich schmecken könnte. Wir bekommen zu oft nur schal schmeckende Früchte, unreife mit einem undefinierbaren Geschmack und meistens Früchte ohne Duft.

Ich glaube, dass die Pflaume für die optimale Entwicklung nicht nur warme Tage benötigt, sondern dass es die kühlen Nächte sind, die ihr den Geschmackshöhepunkt ermöglichen. Darum sind Pflaumen aus dem Süden immer eine Enttäuschung. Fad, voll langweiliger Süße und pelzig liegen sie einem auf dem Gaumen. Weg damit! Es tut mir leid – Pflaumen, richtige Pflaumen können Sie nicht kaufen, die müssen Sie in Ihrem eigenen Garten ernten.

Kirschen

In der Schweiz lernte ich dutzende Kirschsorten kennen, es soll dort an die 100 unterschiedlichen Sorten geben. Es wird berichtet, dass die Kirsche von Lucullus aus Kleinasien nach Europa gebracht wurde. Unter allen Steinfrüchten hat die Kirsche das feinste und saftigste Fleisch. Es ist noch nicht lange her, da waren viele Straßen auf dem Land mit Kirschbäumen gesäumt. Welche Pracht jedes Frühjahr!

Kirschen gibt es in vielerlei Farben, weiße, gelbe, hellrote, dunkelrote bis hin zu fast schwarzen. Es gibt süße und saure und solche mit einem starken Eigengeschmack, wie die Amarellen. Aus den veredelten schwarzen Waldkirschen wird das berühmte Kirschwasser hergestellt. Zu welcher Kirsche Sie sich auch hingezogen fühlen, das Um und Auf ist die punktgenaue Ernte. Kirschen müssen frisch geerntet genossen werden.

Empfehlung: Schwarzkirschen

Ich bevorzuge die Schwarzkirsche. Sie sieht nicht nur verführerisch aus, sie hat ein feines, überaus zartes, und doch fülliges Fleisch. Sie ist saftig mit einem lustvollen Aroma und die Säure und Süße stehen sehr ausgewogen zueinander. Ein Lustgenuss!

Marillen

Alexander der Große kam mit der Marille aus Asien nach Europa zurück. Offensichtlich hatte sie sein Herz erfreut. Die Marille liebt sonnige, geschützte Lagen. Sie hat einen mandelähnlichen Kern von süßem bis bitterem Geschmack. Aus der Marille wird ein vorzüglicher Schnaps gebrannt. Sie ist auch eine Überlebensfrucht, von der sowohl das Fleisch als auch der Kern gegessen werden kann.

Marillen als Überlebensmittel

In den 1960er-Jahren brachten Freunde von ihrer Reise nach Kaschmir getrocknete Marillen von außergewöhnlichem Geschmack mit. Die Marillen hatten sie von den Hunzas, einem im Karakorum-Gebiet in Pakistan gelegenen Bergstamm, der auf 1600 bis 3000 Meter Seehöhe lebt, bekommen. Bis weit hinauf gibt es Marillenbäume. Nach der Ernte werden die Marillen auf den flachen Hausdächern als Vorrat für den Winter getrocknet. Die Hunzas mahlen die Marillenkerne, mischen dieses Mehl in ihr frisch gemahlenes Gerstenmehl und fertigen daraus einen Fladenteig. Meine Freunde erzählten mir, dass sich die Hunzas den ganzen Winter über von Gerstenfladen mit Marillenkernmehl, den getrockneten Marillen und Yakmilch ernähren.

Später erfuhr ich, wie berühmt die Hunzas aufgrund ihrer Ernährung bei allen Gesundheitsaposteln sind. Denn dieses Volk, so wird berichtet, verfügt über eine legendäre robuste Gesundheit und Langlebigkeit. Man sprach auch von der Hunza-Diät. Sie sehen, Marillen sind nicht nur ein Genussobst, sie sind auch ein Überlebensmittel.

Empfehlung: Wachauer Marillen

Die besten Marillen bei uns kommen aus der Wachau. Boden, Klima und die Sorte harmonieren aufs Vortrefflichste miteinander. Leider sind die Ernten sehr schwankend. Also auch bei den Marillen bleibt einem nichts anderes übrig, als selbst einen Baum zu pflanzen. Die Marillenauswahl in den Geschäften und Märkten ist dürftig, die Qualität der angebotenen Marillen kläglich. So wird ein Schatz von einer Frucht zu einem Verzichtsprodukt.

Erdbeeren: Mieze Schindler

Die Mieze Schindler ist eine Erdbeersorte von betörender Schönheit, von zartem Seidenglanz und dunklem Rot. Mit einer Geschmacksfülle, die einfach großartig ist. Beim richtigen

Reifegrad geerntet, können Sie zum ersten Mal spüren, was ein wirkliches Erdbeeraroma ist. Tausend verschiedene Facetten hat das Aroma einer reifen Erdbeerfrucht, von keinem Labor nachbaubar. Alle Imitationsversuche scheitern erbärmlich. Kaum sind Sie in den Genuss einer prall-reifen Mieze Schindler gekommen, wird Ihnen klar, dass Ihnen ein Leben lang unter dem Begriff „Erdbeere“ etwas vorgetäuscht worden ist. Viel mehr noch, es wurde Ihnen das Eigentliche, das Genussglück, vorenthalten. Der Hausgarten ist der einzige Ausweg. Erdbeeren für Ihren Genuss können nur aus dem Hausgarten kommen.

Quitten

Es gibt keine Frucht auf Gottes Erdboden, deren Duft eine solche Anziehung auf mich hat wie jener der reifen, sattgelben Quitte. Von Schiller wird erzählt, in seinem Arbeitsraum musste stets ein Apfel faulen, der Geruch soll ihn inspiriert haben. Hätte er nur mit einer Quitte das Zimmer teilen können, zu welchen Werken wäre er dann befähigt gewesen. Es ist ein Duft der weiten Welt, der Duft der Erde nach einem Sommerregen, der Duft des Himmels, süß und herb zugleich. Vanille, Zimt und der zarte Duft von Rosenblüten.

Als Kind war ich derart angezogen von der Quitte, dass ich unweigerlich hineinbeißen musste. Welch ein Schlag ins Gesicht: Bitter-herb und hart war sie, eine einzige Enttäuschung. Meine Großmutter machte Quittengelee. Was der Duft versprach, fand ich im Gelee nicht. Seitdem ist mir Gelee jeder Art ein Graus. Aber eines Tages lud man mich zum Essen ein und zum Abschluss gab es ein Quittenkompott. Seitdem liebe ich nicht nur den Duft der Quitte, sondern auch die Frucht selbst. Die vorzüglichste Quitte ist die portugiesische Birnquitte.

Rezept: Quittenkompott

Quitten dünn geschält in Viertel schneiden, das Kerngehäuse auslösen. Die Viertel in ein Geschirr geben, Wasser darübergießen, Zucker und Zitronenschalen, ein Stück Zimt, eventuell ein paar Nelken hineingeben. Die Früchte langsam weich köcheln. Ein Glas oder etwas mehr vorzüglichen Weißwein darübergießen. Heben Sie die weich gekochten Quittenviertel aus dem Topf und kochen Sie den Saft noch ein wenig ein. Gießen Sie ihn dann über die Viertel. Viel Glück und Freude!

Salamita-Orangen

Meine Freunde Concetta und Francesco Salamita arbeiten seit 1972 in ihren Orangen- und Zitronenhainen nach der biologisch-dynamischen Methode. Für sie sind ihre Bäume lebendige Organismen. Der Baum ist nicht nur Baum, sondern er bezieht alles, was ihn umgibt, mit ein. In ihren Hainen habe ich mich immer gerne aufgehalten, aber was das Besondere war, wurde mir erst augenfällig, als ich andere biologisch wirtschaftende Orangenbauern und deren Plantagen besuchte. Ich kam vom prallen Leben der salamitischen Haine in öde Gärten. Und so schmeckten auch die Früchte.

Was war so anders? Nicht nur waren die Bäume bei Salamitas immer auffällig gepflegt, es waren Orte von pulsierendem Leben. Unter den Bäumen Gräser, Kräuter und Blumen. Ein Summen und Surren von zahllosen Insekten, Bienen. In den Bäumen nistende und futtersuchende Vögel. Unter den Bäumen weidende Schafe und Ziegen.

Symbiose Mensch und Natur

Die Bäume, die Menschen, die ihn pflegen, alles tierische Leben, das den Baum umgibt, das in ihm lebt, die Kräuter und die Blumen sind zu einer Symbiose vereint. Nicht zu einer dumpf-magischen, sondern einer bewusst gelebten. Francesco meint zu seiner Arbeit: Wir leben von den Früchten der Bäume, deshalb müssen wir darauf achten, dass wir nicht – durch unseren Egoismus angetrieben – die Natur bestehlen und ausbeuten. Nur im intakten Gleichgewicht von Natur und den Kräften der Natur haben wir als Bauern eine Zukunft.

Die Bäume der Zitrusfrüchte blühen und tragen zur gleichen Zeit erntereife Früchte. Der Mai ist der Monat, in dem man im Osten Siziliens unterwegs sein muss. Überall schlägt einem der betörende, feine Duft der Orangenblüten entgegen. Er hüllt einen ein und man fühlt sich verzaubert.

Empfehlung: Tarocco

Genauso bezaubernd wie der Duft der Orangenblüten ist der Geschmack einer sonnengereiften, frisch geernteten Orange, einer Tarocco. Sie ist die Königin der Orangen, ein einziger Triumph. Eine Halbblut-Orange mit zartem Fruchtfleisch, feinem Aroma und einem Geschmack, der einem der Erde enthebt. Die Schale ist seidenmatt glänzend und glatt mit zarten Poren. Die Form der Tarocco ist ein wenig oval und am Stiel etwas abgeflacht.

Schälen Sie die Tarocco, entweichen ihr Fontänen an ätherischen Ölen und Geschmacksstoffen. Über die Tarocco wird gesagt, sie nährt sich von der Lava des Ätna und speichert das Feuer der Sonne in sich. Aber auf jeden Fall verfügt sie über ein atemberaubendes Geschmacksspektrum. Die Tarocco ist sonnengereift eine Lust, eine Freude, ein Genuss und eine Augenweide. Nie schal und von lascher Süße wie so viele andere Orangen.

Im Frühjahr, wenn es wenig geregnet hat, ist ihr Fruchtfleisch manchmal trocken. Weisen Sie dann die Früchte zurück. Am besten lassen Sie sich eine von Ihnen ausgesuchte Orange aufschneiden. Verfügt sie über eine grobe Zellstruktur, verzichten Sie, sie wird Sie enttäuschen.

Die Tarocco ist von noblem Charakter, Sie müssen sich auf sie einlassen. Die Tarocco ist keine Orange so nebenbei, sie muss zelebriert werden. Die Tarocco vom Hain meiner Freunde Concetta und Francesco ist zudem noch ein Gruß aus dem Paradies. Und im vollendeten Genuss sind wir nun einmal Bürger des Paradieses.

Zitronen

Die Zitrone braucht wie alle Zitrusfrüchte die kalten Temperaturen für die Farbbildung. Deshalb ist die Winterzitrone ganz anders in der Farbe, im Aroma und im Geschmack, aber auch in der Saftqualität und -quantität als die Sommerzitrone oder die Zitronen im Frühjahr. Jede Jahreszeit bringt ihre Zitronenqualität hervor. Jede Jahreszeit gibt der Zitrone einen bestimmten Charakter.

Empfehlung: Zitronen vom Hain Demetra

Die besten Zitronen sollen aus der Gegend von Ravello kommen. Berühmt und hochgerühmt sind diese Früchte. Ich muss gestehen, sie sind in der Tat von einer einzigartigen Qualität. Doch meine Lieblingszitronen kommen vom Hain Demetra, in der Nähe von Syracusa. Das sind Zitronen mit dem Temperament des Südens und dem Charakter Siziliens, der nie lieblich und leicht ist, sondern immer auch etwas kantig.

Warum haben die Zitronen vom Hain Demetra die für mich beste Qualität? Weil ich niemanden kenne, der den Zitrusanbau mit so einer Sorgfalt, Hingabe und moralischen Integrität betreibt wie Concetta und Francesco, denen diese Haine gehören. Weil die lavahaltigen Böden der Zitrone eine unverwechselbare Note geben.

Weil bei ihrer Pflege weder Industriedünger noch Pestizide verwendet werden. Es wird gearbeitet mit Nützlingen, mit dem Dung der Tiere und mit der Hilfe von Pflanzen, die das Bodenleben fördern.

Gerade bei den Zitronen ist es außerordentlich wichtig, wie sie angebaut und gepflegt werden. Ich habe die Familie Salamita und ihre ernsthafte Art der Arbeit in mein Herz geschlossen und kann deshalb nur ihre Produkte empfehlen.

Zitrone als Allheilmittel

Für die Sizilianer ist die Zitrone ein Allheilmittel. Bei vielen Arten von Erkrankungen wird versucht, mit der Zitrone zu heilen. Über den Erfolg kann man mit Sizilianern nicht debattieren. Sie soll Schwermut vertreiben, Magen-Darm-Krankheiten heilen, Kreislaufprobleme lindern, die Blutdurchlässigkeit der Adern steigern, Liebeskummer besänftigen, Verkühlungen bekämpfen und gegen bestimmte Hauterkrankungen wirken. Zitronen sind auch ein Desinfizierungs- und Reinigungsmittel und verfeinern den Geschmack von Gemüse, Salaten, Fisch, Huhn und auch Lammfleisch. Vielleicht haben die Sizilianer doch recht, die Zitrone ist das Lebensmittel.

Sizilianischer Zitronensalat

Als ich in einem Mai wieder einmal bei Zitronenbauern in Sizilien unterwegs war, lud mich einer von ihnen, Raimondo, zum Mitessen ein. Und zum ersten Mal in meinem Leben wurde mir ein Zitronensalat serviert. Für diesen Salat wurde eine ganz milde, leicht zu schälende Zitronensorte wie die Femminello Messinese verwendet, die leider nie in den Verkauf kommt, sozusagen vom Hausgarten. Eine alte sizilianische Art, bei der sich auch die weiße Haut unter der Schale leicht vom Fruchtfleisch lösen lässt.

Dazu gab es Fisch und jungen, fein geschabten, selbst erzeugten Pecorino. Und als Nachspeise wurden Mispeln aufgetischt. Selbstverständlich wurde auch reichlich trockener Weißwein kredenzt, von Raimondo gekeltert.

Rezept: Zitronensalat mit Orangenblütenhonig

Vollreife Mai-Zitronen schälen, in Scheiben schneiden, einen Hauch Orangenblütenhonig daraufträufeln. Mit einer Prise Meersalz und Pfeffer würzen, etwas Olivenöl darüber und mit Lavendelblüten bestreuen.

Rezept: Zitronensalat mit Lavendel und Salbei

Eine andere Möglichkeit wäre, einen Sud von Lavendel und frischem Salbei zu machen. Etwa 20 Minuten köcheln lassen, abkühlen, mit etwas rotem Pfeffer und Meersalz würzen, Olivenöl hinzufügen und damit die Zitronenscheiben marinieren.

Reis – Risotto

Das Geheimnis eines gelungenen Risottos sind der richtige Reis und das beständige sanfte Rühren des Gerichts. Reis wird seit 7000 Jahren kultiviert und es gibt etwa 8000 verschiedene Sorten. Für ein Risotto nehme ich am liebsten den Carnaroli-Reis. Er hat den Vorzug, cremig und zugleich al dente zu sein.

Carnaroli mit Biss

Der „Carnaroli Acquerello" ist mein absolut favorisierter Risottoreis. Er kommt aus der Region Vercelli im Piemont, die in den Ausläufern der Alpen liegt. Die Reiskulturen werden mit dem klaren Wasser der Berge geschwemmt. Von der Familie Rondolino wird dieser fantastische Reis biologisch angebaut. Nach der Ernte wird er ein bis drei Jahre im Kühlsilo eingelagert. Das ist eines der Geheimnisse, warum er so wunderbar cremig wird und doch zugleich einen leichten Biss hat.

Der „Carnaroli Acquerello" hat einen abgerundeten, harmonischen und vollen Geschmack. Er nimmt das Aroma von Gemüse, Pilzen und Gewürzen sehr gut auf. Und wieder einmal bestätigt sich mir, dass nur mit den besten Rohstoffen ein außergewöhnliches Gericht gelingen kann.

Rezept: Steinpilzrisotto

Ein hochwertiger Rundkornreis und frische, kleine Steinpilze sind Voraussetzung. Der Risottoreis wird mit Butter, Salz, Pfeffer und heißem Pilzfond unter ständigem Rühren zirka 17 Minuten lang geköchelt. Kurz vor der Fertigstellung werden feinblättrig oder würfelig geschnittene, in Butter geröstete Steinpilze hinzugefügt und mit einem Spritzer kräftigen Grünen Veltliner und einigen Tropfen Olivenöl Veronelli verfeinert. Zum Abschluss noch frisch gehobelte Steinpilze, Gartenkräuter und Grana.

Pilzfond

Zutaten:
ca. 150 g Pilzabschnitte
1 Lorbeerblatt
3 Wacholderbeeren, zerdrückt
1/2 l Wasser oder Selleriefond
KEIN SALZ

Zubereitung:
Alles in einen passenden Topf geben, einmal aufkochen lassen und danach eine halbe Stunde leicht köcheln – abseihen und etwas einreduzieren.

Essig

Passion Essig

Was so landläufig als Essig bezeichnet wurde, war ja zum Abgewöhnen: eine scharfe, in der Nase beißende Brühe. Dann wurde das vermeintlich Kultivierte entdeckt, der Balsamico, weiß oder dunkel. Viele Jahrzehnte gelagert, ohne Zuckerbeigaben produziert, sagenhafte Qualitäten. Doch mit der Zeit kamen Zweifel auf. Wir stellten uns die Frage, ob das wirklich so sei. Ja, wie ist es denn mit dem „Aceto Balsamico di Modena"?

Für mich lohnte es sich nicht, weiter darüber nachzudenken, als ich einen jungen, von seiner Arbeit aufgewühlten Mann kennenlernte, der ganz offensichtlich eine Aufgabe hatte. Das war vor fast einem Jahrzehnt – die Rede ist von Herrn Erwin Gegenbauer. Er erklärte mir, was Essig ist, wie er entwickelt und aus welchen Essenzen er produziert werden muss, welche Kulturen eingesetzt werden, wie und in welchen Gefäßen er zu lagern hat.

Mir gingen die Augen über, Herr Gegenbauer sprach immer noch von Essig. Doch was hatte dieser Essig mit dem Essig zu tun, den ich bis zu diesem Zeitpunkt gekannt hatte? Ich dachte an Essig, und Herr Gegenbauer eröffnete mir eine Essigkultur! Dieser kultivierte junge Mann hatte Essig zu seiner Passion gemacht. Er führte mich in eine mir bis dato völlig unbekannte Welt ein. Inzwischen vertreibt Herr Gegenbauer seine Schätze weltweit, vor allem in der Spitzengastronomie sind sie stark gefragt.

Die Grundsätze der Essigherstellung

1. Grundsatz: Beim Essigmachen wird nicht gepanscht.
2. Grundsatz: Nur mit sortenreinen Ausgangsprodukten, wie zum Beispiel jahrgangsbezogenem Welschriesling oder Blauburgunder, arbeiten. Jeder Jahrgang hat seinen eigenen Charakter, sein spezifisches Bouquet. Dieses muss beim Gärvorgang herausgearbeitet werden, darauf kommt es an.
3. Grundsatz: Nur hochwertigste Ausgangsprodukte verwenden.
4. Grundsatz: Für jeden Essig eigene Kulturen einsetzen, etwa für den Welschriesling Kulturen, die aus dem Welschriesling entwickelt wurden.
5. Grundsatz: Eine ausgetüftelte, hochmoderne Gärungstechnik, wie Herr Gegenbauer sie entwickelte.
6. Grundsatz: Jeder Essig verlangt nach seinen eigenen Lagermethoden, zum Beispiel Holzfässer, Tongeschirre oder Glasbehälter.

Kulturgut Essig – eine persönliche Selektion

Berücksichtigt man diese Grundsätze der Essigherstellung, wird aus dem biederen, herkömmlichen Essig ein Kulturgut – ein Gegenbauerisches Kulturgut. Herr Gegenbauer ist ein Alchimist, ein Magier. Er zaubert die großartigsten Essige hervor und veredelt mit ihnen, nur tropfenweise eingesetzt, viele, viele Speisen. Vom Gemüse über Fisch und Fleisch bis hin zum Sorbetto – sparsam eingesetzt, geben seine Genussprodukte jeder Speise eine überraschende Note.

Nur ein paar Beispiele:

- Mit seinem Tomatenessig wird jeder Blattsalat veredelt. Er bekommt eine ganz besondere Nuance.

- Sein Spargelessig ist der ideale Essig für das Frühjahr. Probieren Sie Erbsenschoten oder jungen Kohlrabi, leicht gedünstet und mit einer Spur Spargelessig abgerundet, ein Genuss!
- Seinen Quittenessig könnte ich pur trinken. Eine Spezialität, die Sie nach Lust und Gespür einsetzen sollten. Lassen Sie sich vom Duft und Charakter des Quittenessigs verführen.
- Blaufränkisch Auslese Weinessig, jahrgang- und sortenrein. Ein paar Tropfen von dieser Vorzüglichkeit auf Wintergemüse geträufelt, bringt Sie zum Staunen.

Jeder Essig hat seine Saison

Als Faustregel gilt: Verwenden Sie im Frühjahr zarte, leichte Gegenbauer-Essige, im Winter hingegen kräftige.

Olivenöl

Olivenöl für die Gesundheit

Meine sizilianischen Freunde lehrten mich, jeden Tag mit einem Löffel Olivenöl zu beginnen. Im Pinzgau hörte ich bei Bauern, am Anfang eines Tages sollte ein Glas Schnaps getrunken werden, das erhalte gesund und schütze vor Krankheiten. Aus denselben Gründen nehmen meine Freunde im Süden Olivenöl zu sich. Wahrscheinlich macht der Schnaps beschwingter, das Olivenöl wird eine nachhaltigere Wirkung haben.

Olivenöl soll neben vielen anderen Wirkungen die Bildung von Nitrosaminen verhindern, antioxidativ wirken und uns vor Arteriosklerose schützen. Und den Polyphenolen werden wahre Wunderdinge zugeschrieben.

Sollten Sie das Olivenöl gesundheitsbezogen verwenden, nehmen Sie es lieber mehrmals täglich in kleineren Mengen als eine größere Dosis auf einmal. Denn die Wirkung soll nicht lange anhalten.

Olivenbäume

Olivenbäume werden uralt. Immer wieder treiben sie neu aus. Ich habe Bäume gesehen, die von Termiten ausgehöhlt, von Stürmen zerfurcht waren und doch voller Vitalität steckten und Früchte trugen. Im Süden von Jerusalem sah ich zerklüftete Olivenbäume, von denen berichtet wird, dass Jesus zwischen ihnen lagerte. Olivenbäume sind beeindruckende und respekteinflößende Kunstwerke der Natur. Ein Olivenbaum kann von hohem Alter gezeichnet und trotzdem äußerst vital sein. Diese Verbindung macht ihn und seine Früchte für uns so interessant.

Veronelli – Schöpfer einer neuen und doch uralten Olivenkultur

Aber es gibt kaum ein Lebensmittel, mit dem so viel gepanscht und getrickst wird. Dieser Umstand rief Luigi Veronelli, den Herold der italienischen Esskultur, auf den Plan. Er entwickelte ein Konzept zur Rettung der Olivenölkultur. In vielen Regionen musste er das Verständnis dafür erst wieder neu gewinnen.

Immer wieder ist es die Vision und der Wille von einzelnen Menschen, denen wir zu danken haben, dass es unter unseren Lebensmitteln noch Qualitäten gibt. Veronelli ist so ein Held, der die Leidenschaft hatte, die authentische italienische Regionalküche und die Lebensmittelqualitäten der Regionen zu retten.

Das Olivenöl ist selbstverständlich ein integraler Bestandteil der italienischen Küche. Es gibt weltweit 700 verschiedene Olivensorten und allein in Italien um die 500. So war es höchst an der Zeit für Veronelli, einen Olivenöl-Codex zu begründen („un manifesto in progress per una nuova cultura del olio d'oliva"). Sein Gedanke war, Olivenölsorten – ähnlich wie beim Wein – rein zu pressen. Veronelli setzte sich mit der Geschichte des Olivenöls auseinander und erkannte schnell, dass Oliven, ausgehend von der Antike, hunderte Jahre lang kernlos gepresst wurden.

Die Oliven müssen handgelesen werden, und es dürfen nur unverletzte Früchte verwendet werden. Das Olivenöl wird aus entkernten, sortenreinen Oliven gepresst. 2002 stellte Veronelli das erste Öl vor. Etwas, das bei den Vermischungen vollständig verloren gegangen war, lebte plötzlich wieder auf. Jede Sorte hatte ihre besondere aromatische Ausprägung, ihr unverwechselbares Geschmacksspektrum. Ein uraltes Gut wurde zu neuem Leben erweckt. Wie oft habe ich in den letzten Jahrzehnten Restaurants in Italien verlassen, beschwingt, glücklich und schwelgend in den Herrlichkeiten des Lebens. Es waren Restaurants, die Veronelli mir empfohlen hatte. Und jetzt weist er uns den Weg zur Olivenölkultur.

Herstellung von Olivenöl

Bei den Oliven ist es genauso wie bei allen Früchten: Sie müssen bei der Ernte reif sein. Um die grüne Farbe des Öls zu bewahren, werden viele Oliven unreif geerntet und gepresst, eine bösartige Untugend, eine auf Kundentäuschung zielende Absicht.

Für die Herstellung eines guten Olivenöls müssen die Oliven nur wenige Stunden nach der Ernte entkernt und gepresst werden. Nur mit dieser Verarbeitung kann der hohe Anteil an ungesättigten Fettsäuren und sekundären Pflanzenstoffen wie Polyphenolen erhalten bleiben und die Bildung freier Fettsäuren verhindert werden. Inzwischen gibt es an die 20 verschiedene Veronelli-Öle, jedes einzelne hat seinen besonderen Charakter. Mit ihnen eröffnet sich eine ganz neue Welt. Plötzlich erleben wir, dass ein und dieselbe Olivensorte in den verschiedenen Regionen in Geschmack und Aroma ganz unterschiedlich sein kann.

Gutes Olivenöl erkennen und verwenden

Die Hauptqualitätsmerkmale bei Olivenöl sind:

- **Der Säuregehalt:** Während der Säuregehalt bei einem handelsüblichen Olivenöl bis zu 0,9 Prozent betragen kann, liegt er bei Veronelli-Ölen bei etwa 0,2 Prozent.
- **Peroxide:** Bei handelsüblichen Produkten liegt der Peroxid-Gehalt bei bis zu 8 meqO2/kg, bei Veronelli-Olivenölen bei etwa 3,1.

- **Polyphenole:** Handelsüblich liegt der Polyphenol-Gehalt zwischen 100 und 250 mg/kg, bei Veronelli bei bis zu 800 mg/kg.
- **Ausflocken:** Olivenöle flocken bei zirka acht Grad Celsius aus, bei Zimmertemperatur löst sich das wieder auf. Nur Olivenöle, die sehr heiß gepresst wurden oder gepanscht sind, flocken nicht so leicht aus!
- **Gesamtbewertung:** Sehen Sie sich die Farbe und die Konsistenz des Olivenöls an, riechen Sie es. Grundsätzlich gilt, dass der Geruch umso schärfer ist, je grüner das Öl ist. Doch scharf riechende Öle müssen nicht scharf schmecken. Hat das Olivenöl einen Fehlgeschmack, ist es verdorben? Viele Öle weisen einen leicht ranzigen Geschmack auf, der durch Lichteinfluss (Neonröhren) oder Überlagerung zustande kommt. Das Öl ist dann schon leicht oxidiert.

Finden Sie Ihr Lieblingsolivenöl! Es gibt herbe, feurige Öle, Öle mit kantigem Geschmack, mit einem breiten, würzigen Bouquet, Öle, die wie Schmalz auf der Zunge liegen. Ein sortenreines Olivenöl hat immer einen starken und lebendigen Charakter.

Empfehlung: Das passende Öl zu jeder Speise

Ein Veronelli-Olivenöl wird, wie eine Kostbarkeit, am Ende des Kochvorgangs auf das Gericht geträufelt. Veronelli-Öle sind Speisenkrönungsmittel! Jede Speise verlangt nach einem eigenen Öl. Für Fisch ein paar Tropfen „Leccino". Das Fleisch beträufeln Sie mit einem „Raggiolo", mit dem flüssigen „Coratina" aus Apulien können Sie eine reife Mango verwandeln. Beim Gemüse versuchen Sie es ruhig sizilianisch, das „Nocellara" hat eine ganz besondere Note.

Schokolade und Marmelade

Schokolade – Inbegriff des Glücks

Schokolade kann uns glücklich machen. Aber wenn sich das Glück nicht einstellt, da die Qualität nicht entsprechend ist, entwickelt sich in uns ein diffuses Gefühl der Unzufriedenheit und zugleich eine unbefriedigende Gier nach mehr. Es lohnt sich daher nur, die besten Schokoladen zu genießen, denn nur bei ihnen schweben wir dann nach wenigen Stücken in einer Glückswolke, und unser Hunger nach Zuwendung und Verwöhnt-Werden ist gestillt.

„Tiroler Edle"

Aus dem Oberen Inntal kommt die „Tiroler Edle", eine Freude bereitende Schokolade. Die Kuvertüre ist von Domori, einem begnadeten Chocolatier aus Italien. Vom Tiroler Grauvieh wird die Milch und, wenn benötigt, der Rahm eingearbeitet. Besser gesagt, wird die vorzügliche Kuvertüre mit der Milch des Tiroler Grauviehs veredelt. Da lacht mir das Herz im Leib. Ein autochthones Rind aus den Tiroler Bergen, eine Kakaobohne aus Venezuela, ein Chocolatier aus Italien und ein Konditor aus Landeck sind die Voraussetzungen für eine „Tiroler Edle".

Besonders mag ich die „Tiroler Edle" mit Ötztaler Preiselbeeren. Das ist eine dunkle Schokolade mit einer Preiselbeercreme und Rahm vom Tiroler Grauvieh. Grandios! Mit dieser Schokolade beglücken Sie jeden, den Sie damit beschenken, nicht zuletzt sich selbst. Die zart-bittere Kuvertüre, das moosig-spritzige Aroma der Preiselbeeren und das Runde des Grauvieh-Rahms bilden eine umwerfende Harmonie.

„Amedei“

Nebst der „Tiroler Edle“ liebe ich die „Amedei“-Schokolade. Gerade bei der Schokolade sind unsere jeweilige Stimmung, unsere momentanen Bedürfnisse das Kriterium schlechthin, ob sie uns Genuss bereitet. Schokolade sollte immer auf unsere Verfassung abgestimmt sein.

Bin ich mit mir im Einverständnis, ausgeglichen und zufrieden, esse ich gerne ein Stück „Amedei Chuao“. Sie ist herb und wild, fordert meine Zuwendung. Die Aromen entwickeln sich nur langsam auf dem Gaumen, steigern sich dann aber zu einer unglaublichen Fülle und Vielfalt.

Bin ich dagegen am Abend eines langen Tages entmutigt, greife ich zur „Amedei Porcelana“. Schnell entfalten sich die hunderten Aromastoffe auf meinem Gaumen, sie entwickeln eine Aura, die mich umhüllt und trägt, zufrieden und glücklich macht. Sind Sie stark, ist es also die „Amedei Chuao“; benötigen Sie Zuspruch, empfehle ich die „Amedei Porcelana“.

Der Weg von der Bohne zur Schokolade

Beide Schokoladen haben ihren Ursprung in charaktervollen, zum Teil seltenen und alten Kakaobohnensorten. Beide Bohnen werden auf kleineren Plantagen in Venezuela kultiviert. Eine vortreffliche Schokolade kann nur aus einer besonderen Kakaobohne gefertigt werden. Dann muss sie mit großer Sorgfalt fermentiert, geröstet, gemahlen und vor allem conchiert werden.

Das Conchierverfahren wurde im 19. Jahrhundert von Lindt entwickelt. Bis zu 22 Stunden wird die Schokolade bei einer bestimmten Temperatur gerührt. Bei diesem Arbeitsvorgang wird das Fett gelöst, der Masse die Feuchtigkeit entzogen, vor allem werden die Aromastoffe aufgeschlossen sowie die unerwünschten Geschmacksstoffe ausgeschieden.

Die Schokoladeerzeugung ist eine hohe Kunst. Vielleicht vermag Schokolade es deshalb, uns einen derartigen Genuss zu bereiten.

Marmelade

Was es bedeutet, Großes zu schaffen

In meinen Bemühungen um die besten Lebensmittelqualitäten ist mir schnell augenfällig geworden, dass Menschen, die etwas Grandioses schaffen, nur sehr schwer in einen normalen Arbeitsprozess integrierbar sind. Es sind immer Menschen mit Kanten und ungewöhnlichen Lebensläufen. Sie haben die Vision, in ihrer Arbeit die menschenmögliche Vollkommenheit zu verwirklichen und ein Lebensmittel zu kreieren, das dem entspricht. Das bedeutet immer auch, aus den üblichen Abläufen herauszutreten, neue Wege zu gehen, das Außerordentliche zu wagen. Und es bedeutet – das habe ich oft beobachtet –, mit dem Ergebnis der Arbeit nie ganz zufrieden zu sein und die Bereitschaft zu besitzen, immer noch ein bisschen mehr zu geben.

Marmeladen aus Handarbeit

Marmeladen zu genießen, die Sie und mich glücklich machen, die einen mit Wonne in den Tag tragen – haben Sie diesen Anspruch? Dann können es nur Ihre eigenen sein oder die von der Familie

Trausner. „Trausners Genusswerkstatt“ nennt sich ihr Familienbetrieb.

Wenn man einen Marmeladenhersteller besucht, zeigt er einem zuerst einen technisch hochgerüsteten Marmeladekocher. Womöglich einen Vakuumkocher, der während des Kochvorgangs von der Frucht so wenig wie möglich zerstört und der die beim Kochen flüchtig werdenden Aromen auffängt. Diese werden dann der fertigen, abkühlenden Marmelade wieder zugeführt. Marmelademachen ist zu einem Hightech-Vorgang geworden. Nur leider, das wirkliche Marmeladenglück stellt sich hier nicht ein. Der Geschmack der sterilen, industriellen Fertigung haftet all diesen Produkten an.

Anders bei der Familie Trausner. Hier werden die Marmeladen – vorsichtig schonend handgerührt im Wasserbad – langsam und mit Bedacht hergestellt. Kosten Sie diese Marmeladen im Vergleich mit anderen, drängt sich einem die Frage auf, wieso Marmeladen denn so kompliziert hergestellt werden müssen. Die Trausnerischen Marmeladen weisen nämlich einen großen Unterschied zu allen industriell erzeugten Marmeladen auf: Sie schmecken umwerfend. Die Familie Trausner hat schon einige Erfahrungen gesammelt. Sie hat Lebenserfahrungen gemacht, die sie in die Marmeladenerzeugung einfließen lässt, und die es ihr ermöglichen, ein Lebensmittel mit Alleinstellungsqualität herzustellen.

Alle Früchte sind aus biologischer Landwirtschaft, statt Zitronensäure wird ausschließlich der Saft von Zitronen verwendet, als Geliermittel dienen Apfelpektin und Zucker. Der Fruchtanteil beträgt um die 70 Prozent. Das handwerkliche Können hat Walter Trausner in der Patisserie und beim Edelschnapsbrennen erworben. Die Liebe zum Detail und die Willenskraft, etwas Außergewöhnliches zu schaffen, hat er offensichtlich von Geburt an mitgebracht. Die Kraft, den Weg zur größtmöglichen Genussqualität zu gehen, gibt ihm seine Familie, die auch tatkräftig bei der Produktion mithilft.

Marmeladen aus „Trausners Genusswerkstatt“

Meine Lieblingsmarmeladen sind:

- „Nachbars Kirschen“ aus Weichseln mit einer Spur Himbeere und frischer Minze. Diese Marmelade ist, wie alle anderen von Trausner, in Wahrheit ein Dessert. Ich löffle sie am liebsten, brauche kaum Brot dazu. Löffelweise verzaubert sie meinen Gaumen.
- „Schwarzer Holler“, aus fein passierten Holunderbeeren mit Äpfeln, Birnen und Zwetschken. Im Spätsommer mache ich mir oft ein Hollerkoch, mit ganz reifen Holunderbeeren, ein paar Zwetschken, ein bis zwei Birnen und ganz wenig Zimt. Deshalb ist auch die Holundermarmelade von Trausner für mich keine Marmelade, sondern wiederum ein Dessert, mein Herbst- und Winterdessert. Die Holunderbeere erwärmt einen während der rauen Wintertage. Mit etwas Zitronensaft in einem halb geschlagenen Obers sanft verrührt: himmlisch!
- „Send me roses“ ist ein Gelee aus Rosenblüten. Sogar für mich, der jedem Gelee aus dem Weg geht, ist das Rosengelee etwas Erhebendes. Das Gelee wird aus den Knospen der Damaszenerrose gewonnen, dazu gibt die Familie Trausner einen Hauch von Himbeer- und Kirschsaft, etwas Zitronensaft und Zucker. Zum Nachmittagstee auf etwas Toastbrot gereicht: ein Zauber!
- Für alle Frankreich-Liebhaberinnen und -Liebhaber empfehle ich „Pomme-Melone“ aus der Charentais-Melone und mit säuerlichen grünen Äpfeln, Zitronensaft und Zucker. Die Charentais muss reif sein, frei vom unreifen kürbisartigen Geschmack. Nur dann gelingt diese Vollkommenheit.

Tee

Darjeeling Snow Cloud

Seit über zehn Jahren trinke ich, schlürfe ich, genieße ich Tag für Tag fünf bis sechs Tassen „Darjeeling Snow Cloud". Er ist mein Erweckungsmittel, mein Stärkungsmittel, mein Erquickungsmittel. Jeden Herbst suche ich Herrn Heissenberger in seinem Teegeschäft auf, verkoste die neue Ernte und erstehe meinen Jahresbedarf. Tage zuvor bin ich schon aufgeregt, denn jedes Jahr hat der Tee einen anderen Geschmack, ein anderes Aroma. Alle paar Jahre gibt es eine Teequalität, die einem lange unvergesslich bleibt, und jedes Jahr erhoffe ich aufs Neue: Wird es dieses Jahr wieder so weit sein? Vor drei Jahren war so ein Jahr, das diesen Krönungstee hervorbrachte. Das Gefühl bei einer solchen Teequalität ist so, als stünde man auf dem Mount Everest und als hebe eine unsichtbare Hand einen noch einmal 1000 Meter höher.

Ich bevorzuge den „Second Flush", er hat etwas mehr Körper, ist weniger lieblich, hat ein tieferes Aroma und ist im Geschmack eine Spur malziger. Der Duft dieses Tees ist jeden Tag aufs Neue überwältigend.

Qualität ist unteilbar

Diese Teekostbarkeit kommt vom Teegarten Ambootia, gelegen in einer Toplage in Darjeeling. Der Teeproduzent verfügt auch über das nötige Know-how, um die frischen Teeblätter zu einem Spitzentee zu verarbeiten. Seit 1994 wird der Teegarten nach der biologisch-dynamischen Methode kultiviert. Als ich den Chairman vor ein paar Jahren traf, erzählte er mir stolz, dass sie nicht nur die Ersten in Indien waren, die biologisch wirtschafteten, er berichtete auch von den sozialen Standards für seine Mitarbeiterinnen und Mitarbeiter und dem Ehrgeiz des Unternehmens, den Kindern der Mitarbeiter auf der Plantage eine besondere Schulbildung zukommen zu lassen. Was mich besonders beeindruckte, war, dass in der Schule nach der Waldorf-Pädagogik unterrichtet wird. Immer wieder ist zu sehen, dass Qualität unteilbar ist. Ein wertvolles Lebensmittel schließt alle Facetten mit ein – die Art, wie der Teegarten bestellt wird, wie mit den Mitarbeiterinnen und Mitarbeitern umgegangen wird, wie sie bezahlt werden und welchen Stellenwert die Kinder der in der Landwirtschaft Beschäftigten, der Teepflückerinnen, haben.

Die Standards werden von einer Schweizer Kontrollfirma sowie von Demeter International überprüft. Ein Tee, der ganz und gar Freude macht.

Einkaufsführer

Die angeführten Adressen sind nur eine kleine Auswahl von Bezugs- und Informationsquellen, die sich auf die im Buch erwähnten 100 Lebensmittel, die Sie glücklich machen, beziehen.

Persönliche Auswahl

aus gutem grund (Naturkostladen)
Mein Lieblingsgeschäft! Mit Herrn Esche Schörghofer teile ich meine Leidenschaft für ganz besondere Lebensmittel.

Esche Schörghofer
Endresstraße 113
A-1230 Wien
Tel.: +43 1 888 10 38

Nonnberger Erentrudishof Hofladen
Ernst Hofer
Morzgerstraße 40
A-5020 Salzburg
Tel.: +43 662 82 28 58
Fax: +43 662 82 28 58

Wochenmarkt Vöcklabruck am Mittwochvormittag
Stadtplatz in der Fußgängerzone
A-4840 Vöcklabruck

Salzburger Grünmarkt am Samstagvormittag
Universitätsplatz/Wiener-Philharmoniker-Gasse
A-5020 Salzburg

Schrannenmarkt Salzburg am Donnerstagvormittag
Schrannengasse/Faberstraße
A-5020 Salzburg

Bauernladen Mondseeland
Elfriede Schweighofer und Christa Gierbl
Marktplatz 10
A-5310 Mondsee
Tel.: +43 6232 62 62

Zum Schwarzen Kameel
Eigentlich müsste die Bognergasse in „Schwarze-Kameel-Zeile" umbenannt werden. Das Schwarze Kameel ist ein Hort der höchsten Handwerkskunst, mein absoluter Lieblingsort in Wien. Hier gibt es nichts Aufgeblähtes und Auftrumpfendes, nur perfekte Küche und überwältigende Gastfreundschaft. Eine Oase in Wien!

Bognergasse 5
A-1010 Wien
Tel.: +43 1 533 81 25
Tel.: +43 1 533 81 25-23
www.kameel.at

Slow-Food-Megastore Eataly
Ein Eldorado für alle, die das Ursprüngliche lieben!

Via Nizza, 230 int. 14
I-10100 Turin, Lingotto
Tel.: +39 011 195 068 01
www.eataly.it

Allgemeine Adressen

Bio Austria
Ellbognerstraße 60
A-4020 Linz
Tel.: +43 732 65 48 84
Fax: +43 732 65 48 84-140
E-Mail: office@bio-austria.at
www.bio-austria.at

EU-Bio-Verordnung 2092/91
www.landnet.at/article/articleview/17190/1/5041

Slow Food International
Piazza XX Settembre, 5
I-12042 Bra (Cuneo)
Tel.: 0800 28 11 41
Tel.: +39 0172 41 96 11
Fax: +39 0172 42 12 93
E-Mail: international@slowfood.com
www.slowfood.com

Slow Food Austria
Manfred Flieser (Leiter Convivium Styria)
Rettenberg 101
A-8441 St. Andrä-Höch
E-Mail: slowfood@utanet.at
www.slowfoodaustria.at

Slow Food Convivium Wien
Barbara van Melle
Flachsweg 34
A-1220 Wien
Tel.: +43 664 366 13 13
Tel.: +43 681 105 499 25
Fax: +43 1 803 17 00
E-Mail: info@slowfoodwien.at
barbara@vanmelle.at
www.slowfood-wien.at

Slow Food am Karmelitermarkt
Im Werd/Landparteienplatz
A-1020 Wien
www.slowfood-wien.at

Ab-Hof-Verkauf, Bauernmärkte, Naturkostläden etc. in Österreich
www.biomaps.at
www.erntebauern.at/suche.php
www.gutesvombauernhof.at
www.arche-noah.at/etomite/index.php?id=177

Wiener Märkte
www.wien.gv.at/ma59/dez3/m59mae.htm

Manufactum
Hiberniastraße 5
D-45731 Waltrop
Tel.: +49 2309 93 90 50
E-Mail: info@manufactum.de
www.manufactum.de

Brot

Bäckerei Kasses
Produkt
Holzofenbrot, Waldbauernfladen, Ciabatta Rotonda u. a. Biobrote
Hersteller
Bäckerei L. Kasses & Co.
Kontakt
Hauptstraße 11
A-3842 Thaya
Tel.: +43 2842 526 57
Fax: +43 2842 526 57-16
E-Mail: baeckerei@kasses.at
www.kasses.at
Erhältlich
Verkaufslokal Bäckerei Kasses,
als Leni-Produkte bei Meinl am Graben, Wien
Zum Schwarzen Kameel

Stieger Brot
Produkt
Bauernbrot u. a. Biobrote
Hersteller
Frau Stieger
Kontakt
Leopoldine Stieger
Scheib 29
A-3631 Ottenschlag
Tel.: +43 2872 65 47
Erhältlich
Ausgewählte Naturkostläden

Kaschik
Produkt
Tiroler Laib u. a. Demeter-Brote
Hersteller
Bäckerei Kaschik
Kontakt
Rosensteingasse 43
A-1170 Wien
Tel.: +43 1 485 15 88
Fax: +43 1 485 15 88
Lange Gasse 43
A-1080 Wien
Tel.: +43 1 409 33 73
Fax: +43 1 409 33 73
E-Mail: office@kaschikdemeterbrot.at
www.kaschikdemeterbrot.at
Erhältlich
In den beiden Verkaufslokalen der Bäckerei Kaschik in Wien

Mauracher
Produkte
Walnussbrot, Roggenvollkornbrot u. a. Biobrote
Hersteller
Bio-Hofbäckerei „Mauracher“ GmbH
Kontakt
Pogendorf 8
A-4152 Sarleinsbach
Tel.: +43 7283 84 66
Fax: +43 7283 84 66-14
E-Mail: office@mauracherhof.com
www.mauracherhof.com
Erhältlich
Auf der Website finden Sie eine Liste der Verkaufspartner in ganz Österreich.

Gragger
Produkte
Holzofenbrot, Essenerbrot, Mühlviertler Vollkornlaib u. a. Biobrote
Hersteller
bio.gragger gmbh

Kontakt
Helmut Gragger
Traunuferstraße 130
A-4052 Ansfelden
Tel.: +43 7229 873 40
E-Mail: bio.gragger@aon.at
Erhältlich
Verkaufslokal der Bäckerei Gragger

Itzlinger
Produkt
Roggenvollkornbrot, Dinkelvollkornbrot, Bauernkletzenbrot u. a. Biobrote
Hersteller
Itzlinger's Biobäckerei GmbH
Kontakt
Karlmühlweg 9
A-5324 Faistenau
Tel.: +43 6228 26 24-0
Fax: +43 6228 26 24-20
E-Mail: info@itzlingers.at
www.itzlingers.at
Erhältlich
Verkaufslokal der Bäckerei Itzlinger, auf der Website finden Sie eine Liste der Standorte, an denen das Itzlinger-Biobrot erhältlich ist.

Weizenlandler und Steinofenbaguette
Produkt
Weizenlandler, Steinofenbaguette, Rustikales Baguette von „Zurück zum Ursprung"
Hersteller
Bäcker aus der Region
Kontakt
E-Mail: info@zurueckzumursprung.at
www.zurueckzumursprung.at
Erhältlich
In Lebensmittelmärkten der Handelskette Hofer

Bio vom Berg
Produkt
Tiroler Bio-Brot, Tiroler Bio-Weckerl

Hersteller
Bäckerei Ruetz
Kontakt
Bioalpin reg. Gen.m.b.H.
Wilhelm-Greil-Straße 9
A-6020 Innsbruck
Tel.: +43 512 57 24 42-0
Fax: +43 512 57 24 42-20
www.amtirol.at/index.php?id=194&topId=6
www.bioalpin.at
www.ruetz.at/produkte?SUCH_TEXT=tiroler&x=0&y=0
Erhältlich
In Verkaufsstellen der Bäckerei Ruetz in der Region

Milch

Milch frisch von der Alm
Produkt
Unhomogenisierte, unpasteurisierte frische Almmilch
Hersteller
Bergbäuerinnen und Bergbauern
Erhältlich
Direkt auf der Alm

Heumilch von Bergbauern
Produkt
„Zurück zum Ursprung"-Bergbauernmilch
Hersteller
Obersteirische Molkerei, Tirol Milch
Kontakt
E-Mail: info@zurueckzumursprung.at
www.zurueckzumursprung.at
Erhältlich
In Lebensmittelmärkten der Handelskette Hofer

Heumilch
Information
ARGE Heumilch Österreich

Haidach 4
A-5204 Straßwalchen
Tel.: +43 6215 83 70
Fax: +43 6215 83 70
E-Mail: familie.neuhofer@aon.at
www.heumilch.at
Erhältlich
Heumilchproduzenten sind auf der Website gelistet.

Produkt
Bregenzerwälder Frischmilch
Hersteller
Sennerei Lingenau
Kontakt
Wolfgang Schwarz (Betriebsleiter)
Hof 28
A-6951 Lingenau
Tel.: +43 5513 64 20
Fax: +43 5513 64 20-40
E-Mail: info@sennerei-lingenau.at
www.sennerei-lingenau.at
Erhältlich
In Lebensmittelmärkten der Handelskette Sutterlüty

Produkt
Zillertaler Frischmilch
Hersteller
Sennerei Zillertal
Kontakt
Hollenzen 116
A-6290 Mayrhofen
Tel.: +43 5285 639 06-0
Fax: +43 5285 637 12
E-Mail: office@sennerei-zillertal.at
www.sennerei-zillertal.at

Joghurt

Naturjoghurt „Zurück zum Ursprung"
Produkt
„Zurück zum Ursprung" Bergbauern Naturjoghurt Mild 3,5% Fett
Hersteller
Berglandmilch
Kontakt
E-Mail: info@zurueckzumursprung.at
www.zurueckzumursprung.at
Erhältlich
In Lebensmittelmärkten der Handelskette Hofer

Schafjoghurt Rzepa
Produkt
Hegi Natur- und Fruchtjoghurts, Schafkäse u. a.
Hersteller
Familie Rzepa
Kontakt
Berg 3
A-3071 Böheimkirchen
Tel.: +43 2744 74 14
Fax: +43 2744 670 31
www.hegi.at
Erhältlich
In ausgewählten Naturkostläden

Schafjoghurt Eisl
Produkt
Schafmilchjoghurt natur und mit Früchten, Schafkäse u. a.
Hersteller
Stoffbauer – Familie Eisl
Kontakt
Farchen 24
A-5342 Abersee
Tel.: +43 6227 32 34
Fax: +43 6227 32 34-4
E-Mail: eisl.schafkaese@aon.at
members.aon.at/schafskaese/index.htm

Erhältlich
Handel, Feinkostladen, Naturkostläden, Gastronomie, Spitzengastronomie in Salzburg und Umgebung und in der Region Salzkammergut

Butter

Almbutter
Produkt
Butter aus unhomogenisierter, unpasteurisierter frischer Almmilch
Hersteller
Bergbäuerinnen und Bergbauern auf der Alm
Erhältlich
Direkt auf der Alm

Sennereibutter
Produkt
Butter aus silofreier Rohmilch
Hersteller
Sennerei Lingenau
Kontakt
Wolfgang Schwarz (Betriebsleiter)
Hof 28
A-6951 Lingenau
Tel.: +43 5513 64 20
Fax: +43 5513 64 20-40
E-Mail: info@sennerei-lingenau.at
www.sennerei-lingenau.at
Erhältlich
Käslädele Vögel, Verkaufsladen Sennerei Lingenau

Joghurtbutter
Produkt
Joghurtbutter von „Zurück zum Ursprung“
Hersteller
Berglandmilch
Kontakt
E-Mail: info@zurueckzumursprung.at
www.zurueckzumursprung.at

Erhältlich
In Lebensmittelmärkten der Handelskette Hofer

Käse

Allgemein

Käsetheke bei Meinl am Graben (Herr Karl Krüger)
Graben 19
A-1010 Wien
Tel.: +43 1 532 33 34-3500
Fax: +43 1 532 33 34-2090
E-Mail: office@meinlamgraben.at
www.meinlamgraben.at

Käslädele Vögel
Maria Vögel
Hof 18
A-6867 Schwarzenberg
Tel.: +43 5512 29 60
Fax: +43 5512 29 60

Online-Bezugsquellen:
www.furore.at
www.genuss-atelier.at
www.vielfalt.com

Kaes.at
Stephan Gruber
Mob.: +43 664 366 13 13
E-Mail: info@kaes.at
www.kaes.at

Bregenzerwälder Berg- und Alpkäse

Kontakt und Information
Käsestraße Bregenzerwald
Verein zur Förderung der Bregenzerwälder Käsekultur

Impulszentrum 1135
A-6863 Egg
Tel.: +43 5512 23 65-23
Fax: +43 5512 23 65-25
info@kaesestrasse.at
www.kaesestrasse.at

Genussregion Österreich – Bregenzerwälder Alpkäse und Bergkäse
www.genuss-region.at/article/archive/11287
Erhältlich
Käslädele Vögel, vor Ort, Online-Shops (s. o.)

Bregenzerwälder Bergkäse, Sennerei Egg-Hof
Produkt
Bregenzerwälder Bergkäse
Hersteller
Sennerei Egg-Hof
Kontakt
Konrad Troy (Senn)
Hof
A-6863 Egg
Tel.: +43 5512 35 39
www.vorarlbergkaese.at
Erhältlich
Käslädele Vögel

Bregenzerwälder Bergkäse, Sennerei Lingenau
Produkt
Bregenzerwälder Bergkäse
Hersteller
Sennerei Lingenau
Kontakt
Wolfgang Schwarz (Betriebsleiter)
Hof 28
A-6951 Lingenau
Tel.: +43 5513 64 20
Fax: +43 5513 64 20-40
E-Mail: info@sennerei-lingenau.at
www.sennerei-lingenau.at
Erhältlich
Verkaufsladen Sennerei Lingenau, Käslädele Vögel

Bregenzerwälder Bachensteiner
Produkt
Bregenzerwälder Bachensteiner
Hersteller
Dorfsennerei Sibratsgfäll
Kontakt
Dorf 132
A-6952 Sibratsgfäll
Tel.: +43 5513 24 42
Fax: +43 5513 22 88
Erhältlich
In Lebensmittelmärkten der Handelskette Sutterlüty

Kleinkäserei Edwin Berchtold
Produkte
Camembert, Brie, Münster u. a.
Hersteller
Kleinkäserei Edwin Berchtold
Kontakt
Edwin Berchtold (Geschäftsführer und Senn)
Hof 466
A-6867 Schwarzenberg
Tel.: +43 5512 41 39
Fax: +43 5512 41 39
Erhältlich
Käslädele Vögel, online über www.genuss-atelier.at

Montafoner Sura Kees
Produkt
Montafoner Sura Kees (Sauermilchkäse) aus Tal- oder Almmilch mit unterschiedlichem Fettgehalt
Hersteller
Divers
Information
Verein „Bewusst leben im Montafon"
Oswald Ganahl
Kellerweg 4
A-6780 Bartholomäberg
Tel.: +43 5556 748 33
Fax: +43 5556 748 33

E-Mail: ganahl_oswald@aon.at
www.bewusstmontafon.at
Erhältlich
Bezugsmöglichkeiten sind auf der Website gelistet.
Käslädele Vögel, Lebensmittelläden und Restaurants in der Region

Tomme de Savoie
Produkt
Tomme de Savoie
Hersteller
Schmidhauser
Kontakt
Schmidhauser S. A.
Zone Artisanale
F-74290 ALEX
Tel.: +33 450 02 82 36
Fax: +33 450 02 83 74
www.schmidhauser.fr
Erhältlich
Käsetheke bei Meinl am Graben, Wien (Herr Karl Krüger)

Parmesan
Produkt
Parmigiano-Reggiano DOP
Hersteller
Divers
Kontakt und Information
Consorzio Del Formaggio Parmigiano-Reggiano
Via Kennedy, 18
I-42100 Reggio Emilia
Tel.: +39 0522 30 77 41
Fax : +39 0522 30 77 48
E-Mail: staff@parmigiano-reggiano.it
www.parmigianoreggiano.com
Erhältlich
Zum Beispiel bei Eataly in Turin

Trüffelkäse
Produkt
Trüffelkäse von Peck, Milano

Hersteller
Peck
Kontakt
Via Spadari 9
I-20123 Milano
Tel.: +39 02 802 31 61
Fax: +39 02 86 04 80
E-Mail: peck@peck.it
www.peck.it
Erhältlich
Käsetheke bei Meinl am Graben, Wien (Herr Karl Krüger), Peck in Milan, Bezugsmöglichkeiten sind auf der Website gelistet.

Markus Schörpf
Produkte
Ziegenweichkäse, Ziegenhartkäse
Hersteller
Markus Schörpf
Kontakt
Mottingeramt 4
A-3532 Rastenfeld
Tel.: +43 2826 342
Fax: +43 2826 211 13
E-Mail: m.schoerpf@aon.at
Erhältlich
Käsetheke bei Meinl am Graben, Wien (Herr Karl Krüger)

Gunther Naynar
Produkte
Ziegenweichkäse mit Weißschimmel, Pyramide mit Wacholdernadeln und Pyramide mit Lärchenholzasche, Weichkäse in Meisterwurzblättern u. a.
Hersteller
Fam. Naynar-Lanschützer
Kontakt
Hiasn-Hof, Gunther Naynar
A-5571 Göriach 31
Tel.: +43 6483 219
Fax: +43 6483 219
E-Mail: hiasnhof@tele2.at
www.bauernhoefe.at/hiasnhof

Zrill's feine Ziegenzucht
Produkte
Geaschte Pyramide, Weißschimmelkäse, Gerollter Ziegenkäse u. a.
Hersteller
Zrill's feine Ziegenzucht
Kontakt
Ing. Andreas Voggenberger
Astätt 27
A-5221 Lochen
Tel.: +43 7745 85 23
E-Mail: schlachttauben@yahoo.de
www.taubenfleisch.com
Erhältlich
Ab Hof
Märkte in Vöcklabruck und Salzburg sind auf der Website gelistet.

Käserei Lerchenmüller
Produkt
Busana-Ziegenfrischkäse u. a.
Hersteller
Inntaler Ziegen- und Schafmilchprodukte GmbH
Kontakt
Josef und Margarete Lerchenmüller
Anton-Woger-Straße 10
D-83512 Wasserburg a. Inn
Tel.: +49 8071 104 33
Fax: +49 8071 104 34-1
E-Mail: kontakt@kaeserei-lerchenmueller.de
www.kaeserei-lerchenmueller.de
Erhältlich
Ausgewählte Naturkostläden, Käsetheke bei Meinl am Graben, Wien
(Herr Karl Krüger)

Robert Paget
Produkte
Ziegenkäse-Spezialitäten u. a.
Hersteller
Hofkäserei Robert Paget
Kontakt
Kirchenweg 2

A-3492 Diendorf am Kamp
Mob.: +43 664 154 02 18
E-Mail: paget.robert@netway.at
www.bufala-connection.at

Robiola di Roccaverano
Produkt
Robiola die Roccaverano DOC (Ziegenfrischkäse)
Hersteller
Landwirte und Käsereien der Region

Schafkäse Rzepa
(siehe Joghurt)

Schafkäse Eisl
(siehe Joghurt)

Schafzucht Hautzinger
Produkte
Camembert aus Schafkäse u. a.
Hersteller
Bioschafzucht Hautzinger
Kontakt
Jägerweg 15
A-7162 Tadten
Mob.: +43 699 108 626 47
Tel.: +43 2176 26 93
Fax: +43 2176 26 93-4
E-Mail: office@schafzucht-hautzinger.at
www.schafzucht-hautzinger.at
Erhältlich
Bezugsquellen sind auf der Website gelistet.

Pecorino Schafhartkäse
Die beschriebene Pecorino-Qualität ist nur direkt in Italien erhältlich!

Fleisch

Gefährdete Haustierrassen
ARCHE AUSTRIA – Verein zur Erhaltung gefährdeter Haustierrassen
Mag. Andreas Maurhart (Geschäftsführer)
Stiftung 11
A-4294 St. Leonhard b. Freistadt
Mob.: +43 664 519 22 86
E-Mail: office@arche-austria.at
www.arche-austria.at

VEGH – Verein zur Erhaltung gefährdeter Haustierrassen
Wolfgang Unterlercher (Ansprechpartner)
Postfach 462
A-9010 Klagenfurt
Tel.: +43 463 21 93 92
Mob.: +43 676 68 20 55
E-Mail: w.unterlercher@gmx.at
www.archehof.at
Hier finden Sie auch eine Auflistung der durch den VEGH anerkannten Archehöfe in Österreich. Ein Archehof ist eine Präsentationsstätte für vom Aussterben bedrohte Nutztierrassen.

Fleisch Rind

Allgemein
bio Vermarktung Handels GesmbH
Georg Bacher (Geschäftsführer)
Bahnstraße 10a
A-2093 Geras
Österreich
Tel.: +43 2912 613 24
Fax: +43 2912 613 24 – 14
info@erntebauern.at
www.biovermarktung.at

Pinzgauer Rind
ARGE Pinzgauer Rind
Thomas Edenhauser

Mayerhoferstraße 12
A-5751 Maishofen
Tel.: +43 6542 682 29-13
Fax: +43 6582 682 29-81
E-Mail: t.edenhauser@rinderzuchtverband.at
www.pinzgauerrind.at

Hubert Wörgötter
Pölsen 18
A-5723 Uttendorf

Tiroler Grauvieh
Tiroler Grauviehzuchtverband
Ing. Otto Hausegger (Geschäftsführer)
Brixnerstraße 1
A-6020 Innsbruck
Tel.: +43 05 92 92-1841
Fax: +43 05 92 92-1859
E-Mail: grauvieh@lk-tirol.at
www.tiroler-grauvieh.at

Ennstaler Bergschecken
Josef u. Bernadette Lassacher
Berg 99
A-8812 Mariahof
Tel.: +43 3584 26 09
E-Mail: lassacher@gmx.net
www.ennstaler-bergschecken.at

Kärntner Blondvieh
Raphael Pliemitscher (Obmann)
A-9372 Eberstein
Tel.: +43 4264 81 81
Fax: +43 4264 81 81
E-Mail: info@kaerntnerblondvieh.at
www.kaerntnerblondvieh.at
Erhältlich
Adressen von Ab-Hof-Bezugsquellen und Partnerbetrieben sind auf der Website gelistet.

Waldviertler Blondvieh
Josef Fleischhacker (VEGH-Spartenbetreuer)
Pater-Werner-Deibl-Straße 4
A-3910 Zwettl
Tel.: +43 2822 535 31-0
Fax: +43 2822 535 31-15
E-Mail: vw@noegen.at

Tuxer
Karl Mair (VEGH-Spartenbetreuer)
Gasthof Neuwirt
Niederstraße 119
A-6082 Ellbögen
Tel.: +43 512 37 71 75-4
E-Mail: mail@gasthofneuwirt.at
www.tiscover.at/gh.neuwirt

Galloways
Wintereder-Zehetner Ges.n.b.R
Hubert Zehetner
Mitterhof 1
A-2164 Wildenduernbach
Mob.: +43 664 131 59 61
Tel.: +43 2523 201 86
Fax: +43 2523 201 89
E-Mail: office@galloway.at
www.galloway.at

Fleisch Schwein

Mangalitza
IGWÖ – Interessengemeinschaft der Wollschweinzüchter Österreichs
E-Mail: igwoe.zuchtbuch@utanet.at
www.mangalitza.at
Auf der Website finden Sie eine Mangalitza-Züchterliste nach Bundesländern.

Thum Beinschinken
Produkt
Bio-Beinschinken vom Mangalitza-Schwein

Hersteller
Thum's Schinkenmanufaktur
Kontakt
Margaretenstraße 126
A-1050 Wien
Tel.: +43 1 544 25 41
Fax: +43 1 961 02 33
E-Mail: thum@chello.at
www.thum-schinken.at
Erhältlich
Thum Geschäftslokal,
Thum-Stand auf der Wiener Freyung etc.

Josef Göltl (Mangalitza-Biobauer für Thum-Beinschinken)
Kanalgasse 5
A-7132 Frauenkirchen
Mob.: +43 699 103 047 73
Tel.: +43 2172 21 60
E-Mail: goeltl.josef@gmx.at
www.goejo.at

Schwäbisch-Hällisches
Informationen
Bäuerliche Erzeugergemeinschaft
Schwäbisch Hall
Haller Straße 20
D-74549 Wolpertshausen
Tel.: +49 7904 97 97-0
Fax: +49 7904 97 97-29
E-Mail: info@besh.de
www.besh.de

Gesellschaft zur Erhaltung alter und gefährdeter Haustierrassen
E-Mail: info@g-e-h.de

Fleisch Lamm

Villgraten
Pinzgauer Tauernlamm
Tauernlammgenossenschaft m. b. H.
Eschenau 11
5660 Taxenbach
Tel.: +43 6416 75 17
Fax: +43 6416 61 27
E-Mail: tauernlamm@aon.at
www.tauernlamm.at

Fleisch Geflügel

Sulmtaler
Sulmtaler Vermarktungs-GmbH
Georg Zöhrer
Nestelbach 52
A-8452 Großklein
Tel.: +43 3456 24 54
Fax: +43 3456 500 54
Mob.: +43 664 422 60 22
E-Mail: office@sulmtaler.at
www.sulmtaler.at

Altsteirisches
Peter Pensold (Arche Austria-Spartenbetreuer)
Packerstraße 3
A-8144 Tobelbad
Tel.: +43 3136 539 46
E-Mail: pensold@a1.net

Landgans
Lukas Heilingsetzer (VEGH-Spartenbetreuer)
Ofenbach 64
A-2832 Thernberg
Tel.: +43 2629 33 42
E-Mail: heilingsetzer@cybertron.at

Fisch

Wildfang

Produkte

Hallstatt-Reinanke, Krungil-Seesaibling, Seeforelle und Traunforelle aus Seen im Salzkammergut, weder gezüchtet noch gefüttert.

Hersteller

Österreichische Bundesforste AG – Wildfang

Kontakt

Matthias Pointinger
Fischereizentrum Kainisch
HNr. 103
A-8984 Pichl-Kainisch
Tel.: +43 3624 289
Fax: +43 3624 211 77
E-Mail: matthias.pointinger@bundesforste.at
www.wildfang-naturfisch.at

Erhältlich

Auf der Website finden Sie die Bezugsquellen, auch Fischbestellungen sind möglich!

Wilder Fisch

Produkt

Barsch, Hecht, Reinanke, Schleie und Waller aus dem Millstätter See in Kärnten, weder gezüchtet noch gefüttert.

Hersteller

Wilder Fisch GmbH

Kontakt

Hanno Soravia (Geschäftsführer)
Süduferweg 134
A-9871 Seeboden
Mob.: +43 664 850 99 33
E-Mail: vertrieb@wilderfisch.at
www.wilderfisch.at

Erhältlich

Auf der Website erfahren Sie, in welchen Restaurants Sie die „wilden Fische" genießen können.

Gemüse und Kräuter

Sehen Sie sich um: Bauernmärkte, Ab-Hof-Verkauf bei Biobauern, Gemüsemärkte, Naturkostläden in Ihrer Umgebung.

Saatgut Demeter
Produkt
Saatgut Demeter
Hersteller
Demeter
Kontakt
Österreichischer Demeter-Bund
Theresianumgasse 11/1
A-1040 Wien
Tel.: +43 1 879 47 01
Fax: +43 1 879 47 22
E-Mail: info@demeter.at
www.demeter.at

Erhältlich (Auswahl)
Austrosaat
Österr. Samenzucht und Handels AG
Oberlaaer Straße 279
A-1232 Wien
Tel.: +43 1 616 70 23-0
Fax: +43 1 616 72 69
E-Mail: officewien@austrosaat.at
www.austrosaat.com

Reinsaat KG
Am Hornerwald 69
A-3572 St. Leonhard
Tel.: +43 2987 23 47
Fax: +43 2987 23 47-4
E-Mail: reinsaat@reinsaat.co.at
www.reinsaat.co.at

Therapiegarten GmbH
Herbersdorf 17
A-8510 Stainz

Tel.: + 43 3463 43 84
Fax: + 43 3463 43 84-13
E-Mail: sunshine@therapiegarten.at
www.therapiegarten.at

Arche Noah
Produkte
Samen, Zwiebeln und Knollen von Kulturpflanzen aus den Bereichen Gemüse, Getreide, Hackfrüchte, Kräuter und Rohstoffpflanzen sowie Zierpflanzen
Hersteller
Arche Noah
Kontakt
Peter Zipser (Obmann)
Obere Straße 40
A-3553 Schloss Schiltern
Tel.: +43 2734 86 26
Fax: +43 2734 86 27
E-Mail: info@arche-noah.at
www.arche-noah.at

Selbsternte
Produkt
Selbsternteparzellen in Österreich
Kontakt
selbsternte – Regine Bruno
Grenzgasse 111/15
A-2340 Mödling
Mob.: +43 664 262 53 16
Tel.: +43 2236 86 63 73
Fax: +43 02236 86 63 73-4
E-Mail: office@selbsternte.at
www.selbsternte.at
Weitere Informationen
members.aon.at/selbsternte/05_anlagen.htm

Erdäpfel Ackerl
Produkt
Bio-Erdäpfel
Hersteller
Familie Ackerl

Kontakt
Johann Ackerl
Grub 38
A-8160 Weiz
Tel.: +43 3172 57 27
Information
Fa. PUR Bioprodukte
Vitiser Straße 6
A-3830 Waidhofen/Thaya
Tel.: +43 2842 204 04
Fax. +43 2842 204 04-14
E-Mail: office@pur-bio.at
www.pur-bio.at

Erdäpfel Hobiger
Produkt
Bio-Erdäpfel
Hersteller
Demeterhof Franz und Christa Hobiger
Kontakt
Franz und Christa Hobiger
Friedreichs 16
A-3922 Großschönau
Tel.: +43 2815 62 40
Fax: +43 2815 62 40
Erhältlich
Ab-Hof, Versand, ausgewählte Naturkostläden

Lungauer Eachtling
Produkt
Lungauer Eachtling
Hersteller
Ausgewählte Bauern im Lungau, Land Salzburg
Kontakt
Lungauer Saatzucht- und Saatbauverein
DI Andreas Kaiser
Amtsgasse 4
A-5580 Tamsweg
Tel.: +43 6474 22 19-14
www.eachtling.at

Bio-Spargel Brandenstein
Produkt
Bio-Spargel
Hersteller
Familie Brandenstein
Kontakt
Gut Markhof
A-2293 Marchegg
Tel.: +43 2285 62 47
Fax: +43 2285 69 27
E-Mail: brandenstein@biospargel.at
www.biospargel.at
Erhältlich
Ab-Hof, Verkaufsstände sind auf der Website gelistet, Versand

Lunzer's Schalotten
Produkt
Bio-Schalotten
Hersteller
Jürgen Lunzer
Kontakt
Biohof Jürgen Lunzer
Obere Hauptstraße 23–25
A-7162 Tadten
Lugeck 1–2, Tür 36
A-1010 Wien
Mob.: +43 699 195 316 64
E-Mail: office@lunzers.at
www.lunzers.at

Erdäpfel, Karotten, Zwiebeln von „Zurück zum Ursprung"
Produkte
Erdäpfel, Karotten und Zwiebeln aus biologischer Landwirtschaft
Hersteller
Jeweiliger Hersteller auf der Packung und auf der Website angegeben
Kontakt
E-Mail: info@zurueckzumursprung.at
www.zurueckzumursprung.at
Erhältlich
In Lebensmittelmärkten der Handelskette Hofer

La Selva
Produkte
La Selva Produkte
Hersteller
LaSelva
Kontakt
LaSelva Italien
Az. bioagr. di Karl Egger
Loc. San Donato
I-58010 Orbetello (GR)
Tel.: +39 0564 88 57 99 bzw. 88 56 69
Fax: +39 0564 88 57 22 bzw. 88 64 20
E-Mail: info.it@laselva-bio.eu
www.laselva-bio.eu

LaSelva Toskana Feinkost Vertriebs GmbH
Pasinger Straße 94
D-82166 Gräfelfing
Tel.: +49 89 895 580 68-0
Fax: +49 89 854 56 52
E-Mail: info@laselva-bio.eu
www.laselva-bio.eu
Erhältlich
Naturkostläden, Online-Shop

Wagner Kräutergärtnerei
Hersteller
Gartenbau Wagner
Kontakt
Gutendorf 36
A-8353 Kapfenstein
Tel.: +43 3157 23 95
Fax: +43 3157 26 07
mail@gartenbauwagner.at
www.gartenbauwagner.at
Erhältlich
Geschäftslokal, Online-Shop auf der Website

Obst

Obstbäume
Produkte
Obstgehölze, Saatgut u. a.
Hersteller
Artner Waldviertler Bio-Baumschulbetrieb
Kontakt
Reichenau am Freiwald 9
A-3972 Bad Großpertholz
Tel.: +43 2857 29 70
Fax: +43 2857 251 77
E-Mail: artner@biobaumschule.at
www.artner.biobaumschule.at

Orangen und Zitronen von Salamita
Hersteller
Cooperative Salamita
Kontakt
Viale Milite Ignoto, 29/31
I-98051 Barcellona P.G.(ME) Sicilia
Tel.: +39 90 979 59 30
Fax: +39 90 979 68 25
E-Mail: salamita@salamita.it
www.salamita.it

Risotto-Reis

Produkt
Carnaroli Acquerello Reis
Hersteller
Rondolino Piccola Società
Kontakt
Cooperativa Agricola aR.L.
Tenuta Colombara
I-13046 Livorno Ferraris – Vercelli
Tel.: +39 161 47 78 32
Fax: +39 161 47 272

E-Mail: acquerello@acquerello.it
www.acquerello.it
Erhältlich
Manufactum (siehe Seite 192)

Essig

Essig Gegenbauer
Produkte
Tomatenessig, Spargelessig, Quittenessig, Blaufränkisch Auslese Weinessig u. a.
Hersteller
Erwin Gegenbauer
Kontakt
Firma Gegenbauer
Waldgasse 3
A-1100 Wien
Tel.: +43 1 604 10 88
Fax: +43 1 604 10 88-22
E-Mail: office@gegenbauer.at
www.gegenbauer.at
Erhältlich
Naschmarkt, Stand 111–114, 1040 Wien, Geschäftslokal
Internationale Bezugsquellen sind auf der Website gelistet.

Olivenöl

Produkt
Veronelli-Olivenöle
Hersteller
Veronelli
Kontakt
Heinrich Zehetner
Exklusive Vertrieb BRD & Österreich
Am Hilfberg 17
A-5310 Mondsee
Mob.: +43 664 260 12 10
Tel.: +43 6232 69 00

Fax: +43 6232 69 80
E-Mail: office@oliosecondoveronelli.at
www.oliosecondoveronelli.at
Erhältlich
Bezugsquellen sind auf der Website gelistet.

Süßes

Tiroler Edle Schokolade
Produkte
Tiroler Edle Ötztaler Preiselbeeren u. a.
Hersteller
Mehrere Partner
Kontakt
DI Therese Fiegl
Höhenstraße 24e
A-6020 Innsbruck
Tel.: +43 512 93 67 56
Fax: +43 512 93 67 56
E-Mail: fiegl@edelschokolade.at
www.edelschokolade.at
Erhältlich
Alle Bezugsquellen sind auf der Website gelistet.
Nicht im Sommer verfügbar, da die Tiere zu dieser Zeit auf der Alm sind.

Amedei Schokolade
Produkte
Amedei Chuao, Amedei Porcelana u. a.
Hersteller
Amedei
Kontakt
Alessio und Cecilia Tessieri
Via San Gervasio, 29
I-56020 La Rotta (Pontedera) Pisa
Tel.: +39 0587 48 48 49
Fax: +39 0587 48 32 08
www.amedei.com
Erhältlich
Im gut sortierten Schokoladefachhandel

Marmelade Trausner
Produkte
Nachbars Kirschen, Schwarzer Holler, Send me roses, Pomme-Melone u. a.
Hersteller
Trausners Genusswerkstatt
Kontakt
Walter Trausner
Mauterndorf 84
A-5570 Mauterndorf
Tel.: +43 6472 200 65
Fax: +43 6472 200 91
E-Mail: marmelade@genusswerkstatt.com
www.genusswerkstatt.com
Erhältlich
Online-Shop auf der Website, ausgewählte Feinkostläden

Tee

Produkt
Darjeeling Snow Cloud
Hersteller
Ambootia
Kontakt
20 Coal Berth, Hoboken Road
West Bengal – South 24 Parganas
IN-700088 Kolkata
E-Mail: ambootia@vsnl.com
Erhältlich
H & H Tee- und Kaffee-Import
Karl Heissenberger
Hauptplatz 6
A-8010 Graz
Tel.: +43 316 82 26 55
Fax: +43 316 82 26 55-17
E-Mail: office@heissenberger.com
www.heissenberger.com
Auf der Website finden Sie eine Liste der Niederlassungen in Österreich sowie einen Online-Shop.

Kleines Lexikon der Fachbegriffe

Alpung: Verbringen Weidetiere die Sommermonate auf der Alm, spricht man von Alpung. Die Alpung wird mit dem sogenannten Almauftrieb eingeleitet und mit dem Almabtrieb beendet.

AOC: Abkürzung für Appellation d'Origine Contrôlée, ein Schutzsiegel für Produkte mit geschützter Herkunftsbezeichnung aus Frankreich und teilweise der Schweiz (siehe unten DOP und PDO).

Autochthone Tierrassen: Autochthone Tierrassen sind einheimische, alteingesessene Rassen, die seit langer Zeit in einem bestimmten Raum beheimatet sind und von dessen Charakteristika geprägt wurden. Häufig handelt es sich hierbei um gefährdete Tierrassen.

Baumscheibe: Als Baumscheibe bezeichnet man in der Botanik und im Gartenbau den Bereich rund um den Baumstamm. Die Pflege der Baumscheibe gehört besonders im Obstbau zu den gärtnerischen Maßnahmen.

Biodiversität: Biologische Vielfalt. Umfasst die Vielfalt von Lebensformen, Arten, Rassen und Lebensräumen sowie die genetische Vielfalt.

Blättermagen: Er wird auch als Psalter bezeichnet. Durch diesen Magen wird das Futter, das wiedergekäut und erneut geschluckt wurde, zerrieben und eingedickt. Hier werden dem Futter vor allem Wasser, Mineralstoffe und Vitamine entzogen.

Bruch: Unter „Bruch" oder „Käsebruch" versteht man die durch Zugabe von Lab oder Milchsäure dickgelegte Milch, nachdem sie zerteilt wurde, um die Molke abzutrennen. Die Bruchgröße ist je nach Käseart unterschiedlich, denn je fester der Käse werden soll, umso feiner wird der Bruch geschnitten. So ist er bei Hartkäse etwa gerstenkorngroß und bei Weichkäse etwa walnussgroß.

Clostridien: Clostridien sind anaerobe – das heißt, für ihren Stoffwechsel nicht auf Sauerstoff angewiesene – Bakterien, die in der Natur an Fäulnisprozessen beteiligt sind. Sie gedeihen im Mist und in der Erde, aber auch im Darm vieler Lebewesen sowie in Silage.

DOP: Abkürzung für Denominazione d'Origine Protetta, das italienische Siegel für Produkte mit geschützter Herkunftsbezeichnung (siehe auch AOC und PDO).

Extensive Weidewirtschaft: Extensive Weidewirtschaft ist durch die Nutzung großer bis sehr großer Flächen gekennzeichnet. Bei extensiver Viehhaltung befinden sich die Tiere hauptsächlich auf der Weide, das zusätzliche Viehfutter stammt überwiegend aus dem eigenen Betrieb.

Frischmilch: Für den Begriff „Frischmilch“ darf die Milch laut dem Österreichischen Lebensmittelbuch (Codex) die Mindesthaltbarkeit von maximal sechs Tagen nicht überschreiten. Länger haltbare Produkte sind nicht mehr der Kategorie Frischmilch zuzuordnen.

Gunstlage: Liegen landwirtschaftliche Betriebe in einer die Bewirtschaftung begünstigenden Lage, also zum Beispiel in klimatisch, geografisch oder geologisch vorteilhaften Gegenden, wird von einem Standort in Gunstlage gesprochen (siehe auch Ungunstlage)

GVO: gentechnisch veränderte/r Organismus/men.

Heumilch: Milch von Kühen, denen keine Silage verfüttert wurde.

Hochstamm: Als Hochstamm bezeichnet man Obstbäume, deren Kronenansatz in mindestens 180 bis 200 Zentimeter Höhe liegt. Hochstammbäume sind die traditionellen Formen des heimischen Obstbaues und prägende Elemente einer Kulturlandschaft. Sie sind auch von hohem ökologischen Nutzen, da sie Lebensraum für viele Vogel- und Insektenarten bieten.

Homogenisierung: Unter Homogenisierung der Milch versteht man die „Zerkleinerung“ der Fetttröpfchen der Milch unter hohem Druck, wobei eine bessere Verteilung des Milchfetts, also eine homogenere Struktur, erreicht wird. Unhomogenisierte Milch neigt eher zum Aufrahmen.

Kraftfutter: Umgangssprachlich für Mischfuttermittel. Sind meistens Mischungen aus Futtermitteln mit hoher Energiedichte und hohem Proteingehalt. Oft sind Mineralstoffe, Spurenelemente und Vitamine zugesetzt.

Kulturlandschaft: Bezeichnet eine durch menschliche Einflussnahme geprägte und veränderte Landschaft, im Falle von Almen zum Beispiel durch den Einsatz von Weidetieren. Kulturlandschaften dienen nicht nur Menschen als Erholungsraum, sondern bieten auch Lebensraum für viele Pflanzen und Tiere.

Labmagen: Der Labmagen ist ein Drüsenmagen. Hier erst beginnt die eigentliche Verdauung mithilfe von Verdauungssäften.

Laktation: Milchbildungsperiode eines Säugetieres, also die Zeit, in der die Kuh Milch gibt. Im Durchschnitt beträgt diese Zeitdauer zwischen der Kalbung und dem Trockenstellen zirka 305 Tage.

Landsorte: Als Landsorte bezeichnet man Sorten, die durch lang andauernde, natürliche Selektion in einer bestimmten Region entstanden sind. Diese lokalen Sorten zeichnen sich dadurch aus, dass sie gut an Boden und Klimabedingungen ihres Verbreitungsgebiets angepasst, relativ ertragssicher und flexibel gegenüber Standortschwankungen sind.

Netzmagen: Er wird auch als Haube oder Mütze bezeichnet. Der Futterbrei kommt vom Pansen in den Netzmagen. Von hier wird die Nahrung wieder ins Maul befördert und dort noch einmal durchgekaut (wiedergekäut). Nach dem Wiederkäuen gelangt das Futter in den nächsten Abschnitt des Magens.

Oxycholesterin: Oxidiertes Cholesterin. Bei der industriellen Verarbeitung von Lebensmitteln, wie etwa der Herstellung oder Lagerung von Eipulver oder Milchpulver, wird ein Teil des natürlichen Cholesterins in Oxycholesterin umgewandelt. Im Gegensatz zum reinen Cholesterin soll Oxycholesterin laut medizinischer Untersuchungen sehr einfach in Zellwände vordringen und die Ablagerung von Kalzium in den Arterien fördern, was den Blutfluss behindern kann.

Pansen: Die grob zerkleinerte Nahrung kommt zuerst in diesen Teil des Kuhmagens, wird durch Bakterien zersetzt und in organische Säuren umgewandelt. Diese Säuren decken einen großen Teil des Energiebedarfes.

Pasteurisierung: Die Pasteurisierung ist ein in der gesamten Molkereiwirtschaft übliches Verfahren zur Entkeimung und Haltbarmachung von Milch. Dabei wird die Rohmilch für die Dauer von 30 bis 40 Sekunden auf 72 bis 75 Grad Celsius erhitzt (Richtlinie 92/46/EWG des Rates vom 16. Juni 1992) und danach sofort wieder abgekühlt.

PDO: Abkürzung für Protected Designation of Origin. EU-Siegel für Produkte mit geschützter Herkunftsbezeichnung (siehe auch AOC und DOP).

Raufutter: Als Raufutter bezeichnet man in der Regel alles pflanzliche Futter, das rohfaserreich und energiearm ist, wie zum Beispiel Heu und Stroh. Es ist zur Unterstützung der Verdauung und einer gesunden Darmfunktion unablässig.

Rindermagen: Ein Rind hat vier Mägen: den Pansen, den Netzmagen, den Blättermagen und den Labmagen.

Rohfaser: Rohfaser ist ein für den Verdauungsvorgang eines Wiederkäuers wichtiger Bestandteil der Futterration. Einerseits ist Rohfaser durch Fermentation mittels Pansenbakterien ein Energielieferant, andererseits regt strukturierte Rohfaser die Kautätigkeit und Speichelbildung an und neutralisiert so die im Pansen gebildeten Säuren. Die Funktion des Pansens hängt daher sehr stark von der Futterzusammensetzung und deren Rohfaseranteil ab.

Rohmilch: Nach EU-Recht (Richtlinie 92/46/EWG des Rates vom 16. Juni 1992) ist Rohmilch das unveränderte Gemelk einer oder mehrerer Kühe, Schafe, Ziegen oder Büffel, das nicht über 40 Grad Celsius erhitzt und keiner Behandlung mit ähnlicher Wirkung unterzogen wurde.

Schlempe: Schlempe bezeichnet zum Beispiel die Rückstände einer Destillation. Schlempe wird getrocknet oder noch flüssig als Dünger, in Biogasanlagen oder als Futtermittel verwendet.

Silage: Grünfutter, das durch Milchsäuregärung unter Luftabschluss konserviert wird.

Synärese (Synerese): Damit wird das Austreten einer Flüssigkeit aus einem Gel bezeichnet. Die Synärese ist beispielsweise ein wichtiger Vorgang bei der Herstellung von Käse, wenn die Molke während der Käsebruchbearbeitung austritt. Bei anderen Lebensmitteln wie Joghurt bezeichnet Synärese einen Produktfehler, der sich im Abscheiden einer meist mehr oder weniger klaren Flüssigkeitsschicht zeigt.

Thermisierung (Thermisation): Ist ein im Vergleich zur Pasteurisierung schonenderes Verfahren zur Haltbarmachung von Milch. Für die Thermisierung wird die Rohmilch während mindestens 15 Sekunden auf 57 bis 68 Grad Celsius (Richtlinie 92/46/EWG des Rates vom 16. Juni 1992) erhitzt.

Trockensauer: Trockensauer ist eine vorgefertigte Sauerteigkultur. Zur Verkürzung der Herstellungszeit von Sauerteigbroten wurde der Trocken- oder Kunstsauer aus Säuren, sauren Salzen und Milchsäuren entwickelt und 1970 auf den Markt gebracht.

Ungunstlage: Liegen landwirtschaftliche Betriebe in einer die Bewirtschaftung erschwerenden Lage, wie zum Beispiel in klimatisch, geografisch oder geologisch ungünstigen Gegenden, wird von einem Standort in Ungunstlage gesprochen (siehe auch Gunstlage).

Viskosität: Unter Viskosität versteht man die „Zähigkeit“ einer Flüssigkeit. Mit diesem Begriff soll in der Regel das Fließverhalten charakterisiert werden. Je höher die Viskosität, desto dickflüssiger ist die Substanz.

β-Carotin: β-Carotin (Beta-Carotin) ist die Vorstufe von Retinol (Vitamin A) und wird deshalb auch als Provitamin A bezeichnet.

Ausgewählte Literatur

Arbeitskreis „Hörner tragende Kühe“, Die Kuh braucht ihre Hörner. Bio-Ring Allgäu 2002 (1. Auflage).

Arbeitskreis „Hörner tragende Kühe“, Die Kuh und ihre Hörner. Bio-Ring Allgäu 2005 (3. Auflage).

Ax, Christine, Essay – Aus Prinzip Handwerk. Zuschnitt 2007.

Kaplan, Steven Laurence, Good Bread Is Back: A Contemporary History of French Bread, the Way It Is Made, and the People Who Make It. Duke University Press 2007.

Lampert, Werner, Schmeckt's noch? Was wir wirklich essen. Ecowin 2005.

Legner, Franz, Vorlesung Alpwirtschaft. Amt der Tiroler Landesregierung, Abteilung Agrarwirtschaft 2007/2.

Metzler, Tobias, Mehr wert durch Marke – Vorschläge zur Neuorganisation der Bregenzerwälder Bergkäsevermarktung im Rahmen einer Markenkooperation. Diplomarbeit 2004.

Pokorny, Ada, Backen von Brot und Gebäck, Arbeitskreis für Ernährungsforschung 2003.

Pollan, Michael, In Defense of Food. Penguin Press 2008.

Renzenbrink, Udo, Die sieben Getreide: Nahrung für den Menschen. Verlag am Goetheanum 1993.

Ruskin, John, Unto This Last. Cosimo Classics 2006.

Schrödinger, Erwin, What is Life. The Physical Aspect of the Living Cell. Cambridge University Press 1948.

Sennett, Richard, Handwerk. Berlin Verlag 2007.

Station de recherché Agroscope, Les particularités du lait produit à base d'herbages. Liebefeld-Posieux Alp 2007.

Steiner, Rudolf, Geisteswissenschaftliche Grundlagen zum Gedeihen der Landwirtschaft: Landwirtschaftlicher Kurs. Rudolf Steiner Verlag 1985.

Wohlers, Jenifer, Auswirkung der Enthornung von Kühen auf die Milchqualität im Spiegel der bildschaffenden Methoden $CuCl_2$-Kristallisation und Steigbild. Diplomarbeit 2003.

Zalpverlag, Neues Handbuch Alp. Zalpverlag 2005.

Danksagung

Ein herzliches Dankeschön möchte ich den vielen Menschen sagen, die mich im Laufe meines Berufslebens mit ihrem Wissen beschenkten. Eines habe ich gelernt: Man ist nie der Hagestolz, den man so oft in sich erblickt, es sind immer Menschen, die einen tragen und fördern. Nur durch die tatkräftige Unterstützung anderer wird man zu dem, der man ist.

Danken möchte ich Barbara van Melle für Ihre Unterstützung, sie ist die Seele der Slow-Food-Bewegung in unserem Land. Jörg Wörther, der mich mit seinem Rat begleitete und mir auch Rezepte aus seiner Erfahrung zukommen ließ. Peter Zipser, dem Obmann der „Arche Noah“, von dem ich viel lernen durfte. Im Übrigen finde ich, dass die „Arche Noah“ eine der wichtigsten Einrichtungen bei uns ist. Bernd Kajtna für seine Ratschläge, die mir nochmals deutlich vor Augen führten, dass wir im Obstbereich neue Wege gehen müssen. Heinrich Zehetner, der ein unermüdlicher Enthusiast ist. Tobias Metzler, in dessen Diplomarbeit ich viel Wissenswertes fand. Monika Culek für ihre Hilfe und Barbara Zorman, meiner Fee, die mich unermüdlich unterstützte.

Die Rückkehr des guten Geschmacks.

Gruber, Werner
„DIE GENUSSFORMEL“
304 Seiten, EUR 21,90
ISBN: 978-3-902404-59-6

*»Kochen wie McGyver. Jahrelang tüftelte der Physiker und Hobbykoch Werner Gruber an der Lösung der kulinarischen Alltagsprobleme. (...)
›Die Genussformel‹ wurde eine Art Heiliger Gral der Kochkunst.«*

Salzburger Nachrichten

Wie gelingt das saftigste und knusprigste Grillhuhn der Welt? Was macht den Semmelknödel erst besonders flaumig? Wie löst man das Wiener Rosinengugelhupfproblem? Welche Speisen gelingen in der physikalischen Blitzküche? Was ist eine perfekte Weihnachtsgans? Und wie gewinnt man garantiert an jedem Buffet?
Werner Gruber erklärt mit unglaublichem Fachwissen die kleinen chemischen und physikalischen Tricks der großen Köche und räumt dabei gleich mit so manchen populären Kochirrtümern auf. Und wenn der Star der Molekularküche Ferran Adrià sagt: „Ernährung = Essen + Emotion“, dann geht Werner Gruber einen Schritt weiter und sagt: „Genuss ist relativ.“

Das tägliche Zähneputzen für die Seele.

Stelzig, Manfred
„KEINE ANGST VOR DEM GLÜCK“
176 Seiten, EUR 19,95
ISBN: 978-3-902404-56-5

Reporter aus Leidenschaft.

Orter, Friedrich
„HIMMELFAHRTEN. HÖLLENTRIPS.“
256 Seiten, EUR 23,60
ISBN: 978-3-902404-65-7

Von der Suche nach Beziehung, Liebe, Lust und Zufriedenheit.

Haller, Reinhard
„(UN)GLÜCK DER SUCHT“
204 Seiten, EUR 19,95
ISBN: 978-3-902404-48-0

Das Enthüllungsbuch über die skandalösen Praktiken der Spitzengastronomie.

Gnaiger, Peter /
Hoffmann, Wolfgang
„IN DIE SUPPE GESPUCKT"
280 Seiten, EUR 19,95
ISBN: 978-3-902404-36-7

Wollen Sie wirklich so alt werden wie Sie aussehen?

Hengstschläger, Markus
„ENDLICH UNENDLICH"
224 Seiten, EUR 19,95
ISBN: 978-3-902404-62-6

Bestellt. Verkauft. Ausgebeutet.

Kreutzer, Mary /
Milborn, Corinna
„WARE FRAU"
240 Seiten, EUR 19,95
ISBN: 978-3-902404-57-2

Fehlurteil: Schuldig!

Himmelfreundpointner, Rainer
„UNSCHULDIG HINTER GITTERN"
192 Seiten, EUR 19,95
ISBN: 978-3-902404-61-9

Wie viel Gleichgültigkeit und Fehlurteile hält ein junger Mensch aus?

Salcher, Andreas
„DER TALENTIERTE SCHÜLER UND SEINE FEINDE"
224 Seiten, EUR 19,95
ISBN: 978-3-902404-55-8

Spannend.